Destin Justin Safari Pot.

Mon séjour au pays de tambour

Destin Justin Safari Pot.

Mon séjour au pays de tambour

Un rendez-vous avec ma destinée

Éditions Vie

Imprint
Any brand names and product names mentioned in this book are subject to trademark, brand or patent protection and are trademarks or registered trademarks of their respective holders. The use of brand names, product names, common names, trade names, product descriptions etc. even without a particular marking in this work is in no way to be construed to mean that such names may be regarded as unrestricted in respect of trademark and brand protection legislation and could thus be used by anyone.

Cover image: www.ingimage.com

Publisher:
Éditions Vie
is a trademark of
Dodo Books Indian Ocean Ltd. and OmniScriptum S.R.L publishing group

120 High Road, East Finchley, London, N2 9ED, United Kingdom
Str. Armeneasca 28/1, office 1, Chisinau MD-2012, Republic of Moldova, Europe
Printed at: see last page
ISBN: 978-613-9-59311-8

Dédicace

À nos amis et premiers amours de notre enfance.

À ma chère amie, Faradja Kizungu

À mon cher Paulin Ayal et tous les confrères de lutte au pays de tambour

Au souvenir de notre amitié avec Moïse Ciza, Laetitia Mozi et Lionel Mozi....

Cette histoire est la nôtre !

Préface

Nulle ne choisit sa famille ni l'environnement qui l'accueille. Tout cela relève de l'incapacité de tout homme à naître ou né : c'est là, le mystère de la naissance et de la vie. Vouloir raisonner cette réalité de la vie, c'est se détourner de notre appel. Car, il y a des choses qu'on ne peut pas transformer. Alors, pour aller à notre rêvé, il convient de s'en accommoder. Par ailleurs, si l'on ne peut se départir de sa lignée ou de sa famille biologique, il peut par contre, dans son évolution, transformer son espace. Mais, l'homme peut-il y parvenir sans questionner ses forces et ses faiblesses ? Dans un monde évolutif et en perpétuel mouvement, l'homme doit se définir des objectifs afin de ne pas être spectateur d'un monde mouvementé et intéressé.
« L'homme n'est pas, ils se fait », disait le philosophe Eric Weil. N'est-il pas clair que toute la définition ou le réalisé aristocratique de l'homme y prend son essence ? Autrefois, si l'école universelle ne nourrissait pas les rêves des hommes, il n'en est plus le plus le cas. Car, malgré les initiations tribales, l'instruction académique confère à l'homme les outils de son épanouissement dans un monde modernisé et moderne. C'est pourquoi, tout parent qui se veut garder son enfant des arrachements pluriels doit opter pour l'école occidentale.

Si certains ne veulent pas quitter leurs jeux puérils pour l'école, d'autres enfants n'auront de loisirs que leurs livres et leurs cahiers. Sachant que l'ignorant ne pourrait s'inviter utilement au rendez-vous de son devenir, tout comme certains parents, les parents de notre auteur ont jugé nécessaire de l'inscrire à l'école occidentale. « Aucun bonheur n'est possible dans l'ignorance », disait Emile Zola. Et, cela est vrai. L'homme doit être capable de douter afin d'être utile pour lui et, utile à l'humanité. Avec le temps, entre vents et marrées, l'auteur s'est battu et continue de se battre pour aller résolument vers sa définition, vers son attente. Si nombreux ont quitté la course, il s'est envolé pour un autre ailleurs. Fallait-il aller loin de ses parents et ses habitudes ? Autant de questions ont fusé son esprit d'adolescent. Mais, il fallut aller à la rencontre de lui-même, trainant avec lui, le boulet de la solitude et le détachement familial. Si un chapitre était clos, un autre s'ouvrit grand et incertain. Espérer fut pour lui, le point d'encrage. Le temps de continuer son cycle et cirque ; l'homme de rester attaché à son idéal, sa raison. Disait Yvan Castanou : « Ce qui retient notre attention détermine notre action ». Sans objectif, l'homme est livré à lui-même et, il restera à la merci d'un monde en proie à la chosification.

L'auteur, jeune, sachant le savoir ou la connaissance, une essence inconditionnelle, fait partie de l'univers scientifique et littéraire. Fasciné par Albert Camus, Camara Laye et bien d'autres, il s'est assigné le devoir de contribuer à la luminosité de l'humanité. Tout homme est un insoupçonnable siège de vécus et d'enseignements. Il a appris et continue d'apprendre des autres ; il ne voudrait pas rompre la chaîne. A parcourir son si beau et captivant bulletin de voyage vers l'espéré, ne serait- ce pas aiguiser les rêves de mille et une âmes ? Tout lecteur se laissera séduire par son style souple et berceur qui repoussent les limites et qui invitent l'homme à se relever de ses chutes, raisonner ses craintes. Victor Hugo, cet écrivain du dix- neuvième siècle dont les écrits sont revus sous tous les angles, tout comme les enseignements de Socrate, pour ne citer que ceux-ci, restent des lanternes sur le parcours de l'humanité. Si Hugo, dès son bas âge, s'était fait le pari d'être l'autre Châteaubriand, Socrate est resté un feu à attiser grâce à Céphale qui n'attendait qu'expirer de son dernier souffle dans le Pirée platonicien. En tout somme, tout homme est un livre à livrer à l'humanité. Car, nulle n'est une erreur mais, un but. Toute vie est sacrée et doit se concrétiser. Merci d'y prendre plaisir, le plaisir qui nourrit l'âme et passe le corps des flétrissures et, l'homme de la médiocrité. « L'homme instruit est un lion », disait l'écrivain ivoirien Bernard

Dadié. Instruisons-nous utilement afin de fermer derrière nous le valétisme, le suivisme. Si cela a été un honneur pour moi de préfacer ce vaste creuset à creuser avec éveil et endurance, je reste confiant que le feu prométhéen illuminera les cases oubliées, les damnés…

Côte d'Ivoire, le 28 juillet 2023

Alain Tréké Parménide
Juriste, biographe, écrivain et éditeur
alainparmenide@gmail.com

Table des matières

Dédicace.. i

Préface... ii

L'amour.. 1

1... 1

2... 15

3... 25

4... 38

L'Académie.. 67

5... 67

6... 77

Le retour au bercail... 93

7... 93

L'amour

1

Il y a des choses et des hommes que nous ne pouvons pas oublier. Dans leurs épaisseurs se cache et luit le laid et le beau, la motivation et la paresse, la vie et la mort. Ma vie, jusqu'à là, a été un roulement de tonnerre et de joie ; c'est la coloration vraie du vivre qu'exister. A mon arc, j'ai des cordes dont la mélodie me rappelle mon ayant-été et m'invite à questionner sans réserve l'avant qui ne peut être sans aujourd'hui. Dans ce tourbillon du possible et impossible, je revois les traits de l'Institut (Mgr Mulindwa) où j'ai fait la connaissance peut être hasardeuse d'une demoiselle : Faradja. Sans possibilité de résister à l'irraisonnable, je m'étais laissé choir par les attraits célestes de cette demoiselle qui, dans le secret faisait frétiller bien de cœurs. Enfants, nous voulions parfois nous inviter sur les épiques scènes des adultes, sans nourrir l'aigre que peut parfois couver le sûr et le beau. Mon histoire, celle d'avec Faradja et moi, commence celle des cœurs érodés par l'amour. Comme dit, tout jeune garçon de mon âge, a besoin d'être aux côtés d'une autre personne du sexe opposé ; ce, afin de soit s'affirmer ou se prédisposer à l'inévitable : le mariage, fondement de la famille. A cette époque, j'étais en deuxième année du cycle d'orientation ; quant à elle, elle reprenait la première année, à la suite de son échec.

En tout temps et tout lieu, Faradja colorait inéluctablement mes pensées ; comment lui annoncer que je la voulais pour petite amie ? J'avais honte de me confier à quelqu'un ; je préparais mes mots et phrases. Embrumé, je tenais à relever ce pari, grand pari que je m'étais fait : devenir le petit ami d'une fille dont le teint d'ébène était si vital et prometteur. Avec le temps, j'avais décidé d'oser mon va-tout ; j'avais ainsi appris qu'il y a des situations qui ne nous laisse point de trêve ni de choix ; ce qu'il nous faut, n'est souvent nul autre qu'oser et toujours oser. A penser à la date de mes premiers verbes à (fondre) le cœur d'une fille, la première fille, je cherchais le jour, jour dit bon. Puis, est venu le vendredi cinq (quel mois ?), à dix-sept heures trente-cinq minutes, nous sortîmes de l'école, pour regagner nos maisons. Dans la nuée d'élèves, nos yeux se croisèrent ; je me sentis si vivre, si libre et tétanisé à la fois. Doucement, je baissai mon regard et, je fis semblant de ne pas lui accorder d'intérêt mais, elle avait remarqué cette particulière attention.

Les femmes sont si profondes ; elles ont toujours une longueur d'avance sur tout ; et ça, je le savais. Devais-je donc lui dire que sa déduction était fausse ou profiter de cette cavité pour lui avouer ce que je ressentais depuis des fois pour elle ? Feignant n'avoir rien décodé de mon blême regard teinté de flammes à me consumer le cœur, elle poursuivit son chemin comme d'habitude. Je voulus la rattraper mais, où trouver le courage nécessaire quand l'amour ne connait pas le titre ni l'éloquence parfois ; il suffit d'un fait banal ou un sourire ou un peu de mots pour plier le cœur d'une femme. De ces indicateurs, le ou lesquels choisir ? En compagnie de mes potes, je prenais grand plaisir à contempler la fille dont la grandeur nourrissait mon cœur. Devais-je oser la brise de glace pour sombrer dans les déchirements ou oser la liberté ? Tout au fond de moi, je me blâmais de n'avoir pas tenté le rêvé, ma raison du moment. En proie à l'amour juvénile, je réalisai que le cœur a ses raisons que la raison elle-même ne connait pas. En dépit de tout, peut-on espérer un but si l'on n'ose pas s'y mettre ? Attendre que le temps résolût cette énigme, d'autres potentiels prétendants pourraient m'écarter de la course, cette course qui mènerait à ma renaissance. Etiré entre moi et moi-même, je pressai mes pas ; parvenu à son niveau, je la saluai, d'une voix posée afin de masquer ma frousse : « Bonsoir beauté. Puis-je te tenir compagnie, s'il te plaît ? (Je croisai les doigts, afin qu'elle ne refusât pas ma demande) ». Délicatement, comme, elle l'a été toujours, d'un air imposant et sérieux ; elle me regarda partiellement, avant de laisser entendre son « Bonsoir, laissant entrevoir un léger sourire. Si tu veux bien, je n'y trouve pas d'inconvénient ».

- Je m'appelle Destin. (Elle me regarda, sans rien dire, comme pour dire. Les dés étaient jetés ; tout se jouait la, et je devais être à la hauteur. La tête trop chaude, le cœur arythmique, le souffle rare, j'étais condamné à lui servir la raison de ma présence). Merci d'accepter ma compagnie. Je profitai pour lui parler de mon attachement.

- Comme le font toutes les filles, en particulier, celles de chez moi, elle n'eut point de courage pour me regarder à nouveau. De tout propos, elle n'avait que laissé entendre leur habituel : « Je te comprends mais fais-moi un peu de temps ! Nous en parlerons pleinement, le moment venu ».

Au terme de trois jours, je lui demandai une autre rencontre ; elle accepta de répondre à mon invitation. De notre entretien duquel je me sentais en partie confiant, elle m'avait promis que j'avais une lueur d'espoir. Quelle ne fut ma joie ! Mais, vite, je m'étais raisonné ; car, on ne vend jamais la peau du loup sans l'avoir tué. Avec les femmes, il faut toujours rester sur ses gardes ; et ça, je l'avais appris de que d'histoires. Par contre, tout compte fait, j'étais heureux de m'avoir retiré une épine de du cœur ; je m'étais affirmé et, c'était en partie l'essentiel pour moi. Toute bataille ne se gagne pas d'un trait ; il faut parfois épouser la patience, l'endurance et la ruse ou la fortune. Si c'était la fortune qui devait nourrir ce beau rêve, je me savais loin de ma cible. De tous les moyens, je n'avais que moi-même, l'expression vraie de mon cœur, la fidélité et mon assistance. Le soleil continuait de suivre son habituelle course ; tout comme les gens de chez moi, je vaquais à mes occupations bien que rasé par l'amour d'une jeune fille, l'une des plus belle de mon école. Elle était si belle que je craignais pouvoir être à la hauteur de mes attentes, tout comme pouvoir satisfaire ses attentes. Ma crainte était irréductible mais, j'avais osé le sel qui nourrit la vie des hommes : l'amour. Je savais les enjeux incertains et grands mais, il me fallait être un jusqu'au-boutiste. Oui, je ne voulais pas me faire passer pour une poule mouillée. Attendre d'une femme qu'on drague, un appel ou une invitation, ne serait-ce pas se condamner aux chimères ?

Une autre semaine débuta. Un soir autre soir, après les cours, nous cheminâmes ; nous parlâmes de tout et de rien, bien que n'ignorant pas le problème de fond. J'avais peur de lui demander ce qu'elle avait décidé ; alors, j'avais opté pour une autre stratégie : cultiver la complicité et la confiance. Quant elle, elle ne voulait pas se faire passer pour une fille facile, comme l'on le dit. Me faire languir et se prêter à ma réserve de beaux verbes et de poésies auxquelles toutes les femmes prennent un sacré plaisir, je devais encore courir le temps de la pénible attente. C'était le prix à payer et, je m'en étais convaincu. Arrivés à la décroisée de nos chemins, nous nous serrâmes les mains tendrement, son regard écrasé et le mien la dévorant. Le cœur battant la chamade, je ne voulus pas que s'arrêtât le temps, cessât cette scène tant rêvée. Hélas, la nature et le temps nous imposent leurs règles ; je devais partir sans quitter ces lieux-là mais, il le fallait. Faradja, comme toujours, les pas futés, la démarche angélique, avançait sur le chemin de sa maison sans regarder en arrière. Et cela m'avait littéralement fendu le cœur. Planté là, à la regarder s'éloigner, espérant qu'elle se retournerait, afin d'attester mon attachement indéfectible, fut peine perdue. Les gens autour de moi m'avaient certainement vu ; mais, quand l'amour nous enveloppe, pouvons-nous voir qu'un aveugle ? J'étais là, tout petit dans mes souliers, le sourire terni, le ciel noirci.

Dimanche. Je pris ma douche et, je me rendis à la messe. A la pensée, loin de tout autre tracas, seule cette demoiselle ne bondait que ma vue. Faradja m'avait dit qu'elle me donnerait la suite de mon exposée. Que c'est toujours difficile voire insupportable d'attendre une chose décisive, une chose qui gouvernera parfois le reste de notre vie. Lundi était à présent à quelques heures ; le compte à rebours suivait son tour ;

j'étais désormais l'ombre de moi-même. C'était donc en attendant cet instant ô combien capital que je voulus tous les Saints me plaindre : « Que Faradja m'accepte, ce lundi prochain ». Assis sur le banc de l'Eglise, j'écoutais l'homélie du prêtre qui avait ce jour-là parler de la tentation et ses dérives. Il avait dit que la folie est la voisine de la raison, de la prudence. Il n'est pas mauvais de rêver, même rêver grand ; cependant, il faut être réaliste, il faut savoir questionner le temps, sa condition et projeter tout souhait dans l'avenir. Il faut sans cesse faire attention aux décisions que nous prenons ; car, elles sont et resteront les fondements de l'allure que nous voudrions donner à notre vie et future vie. Tous ces propos tonnaient dans ma tête comme un rappel à la prudence, une invitation à l'essentiel. Pourquoi avoir choisi un tel thème pendant que j'étais là, cette fois, pour demander au Père céleste de m'aider à gagner la faveur d'une fille qui n'avais jusqu'à là, cessé de tourmenter mes rêves. De tout, ma Faradja était calme, studieuse et n'avait à la pensée que ses études, devenir une personnalité de son pays, de l'Afrique voire du monde. J'avais beaucoup appris d'elle et, elle marchait résolument vers mon idéal.

Lundi. Nous devrions nous revoir au cours de la récréation, afin de discuter pleinement de mon adresse qui me tenait tant à cœur. Réglée comme une horloge, comme me l'avait confié un ami, elle marchait vers ma classe quand je partis à sa rencontre. Etait-ce devenu un boulet pour elle ou venait-elle me dire que tout pouvait aller comme sur des rails ? Je n'avais aucune idée ; je continuais de prier les anges afin qu'ils me plaignissent.

- Bonjour Destin, m'avait-elle lancé.

- Bonjour Faradja, souriant malgré moi. On part s'asseoir quelque part ? avais-je poursuivi, le cœur serré que jamais. (Loin de la marée des camarades dont les voix étaient une cacophonie, nous discutions…).

- Comme prévu, nous devrions nous rencontrer aujourd'hui. N'est-ce pas ? avait-elle ouvert le bal.

- Oui. Oui…, ma belle. C'est exact, avais-je fini par dire.

- Parfait. J'ai longuement réfléchi à tout ce que tu m'as dit, l'autre jour. Devais-je accepter ta demande ou la rejeter ? A cette question dont les conséquences sont énormes, j'eus moi et ma conscience. Si c'était toi, quelle réponse allais-tu donner ? (Elle sourit, un instant avant de poursuivre). Tu ne peux dire autre chose que « oui », évidemment. A quoi penses-tu là ?

- Oooh rien, ma belle. Je prends grand plaisir à t'écouter, écouter ta si douce et apaisante voix. Je sais combien, tu t'intéresses à moi, à ma situation. Je sais compter sur ton bon sens ; si tu veux accrocher à la vie, un homme, celui qui ne sait plus vivre depuis qu'il a posé son regard sur ta grandeur.

- (Elle retint son souffle, sourit et me dévisagea partiellement avant de dire), je te comprends. Unis on peut être forts, si nous nous donnons les moyens. Je ne voudrais pas trahir mon serment ; j'espère qu'il en sera de même pour toi…

Je pensai tomber des nues ; comme aspiré, mes rides avaient subitement laissé place à l'harmonie et à l'espoir de marcher sans tituber sur le parcours que j'ai voulu dénué de tout tourment. Bien que jeune, je nourrissais le désir, fou désir de l'épouser. Je ne voulais pas être un homme à femmes ; je suis chrétien et, je me devais d'observer les enseignements reçus. J'avoue que ce jour-là fut un moment catalyseur ; je n'avais plus droit à l'erreur ; je devais travailler d'arrache-pied à l'école afin de garantir à ma future famille, le minimum vital. Car, être mari, c'est être capable de satisfaire les besoins de sa femme ; être papa, c'est ne plus vivre ou exister pour soi-même. Je savais que les enjeux étaient grands ; il me fallait sans détour décroiser le chemin de la paresse et de la dépendance chronique. On en peut être indépendant que si l'on a le droit de décider de ses couleurs, aller et venir comme l'on le conçoit ; et ça, c'était ma préoccupation. Car, l'honneur et la dignité sont l'âme de toute âme qui se sait exister et doit s'exprimer. Si je dois mériter le respect de Faradja et mes enfants, je dois sans réserve avoir le goût de l'effort et de la lutte continue. Rêver du rêve, c'est non plus ne pas prévoir l'échec mais, l'essentiel est de croire en soi, oser même au prix de sa vie. Mourir, tous, nous allons mourir mais, il nous faudra mourir grand, à paraphraser Victor Hugo…

Que c'était fou ! A cette époque, celle du tout-possible, je n'avais que quinze ans, élève en deuxième promotion. Même si tout était désormais parfait entre Faradja et moi, je redoutais ce que dirais nos parents. Voici une autre série de questions auxquelles nous étions confrontées ; mais, ne dit-on pas que qui ne risquait rien n'a jamais rien ? La vie n'est point de scène que la vallée de risques, selon Nietzsche. Risque, ne serait-ce pas en d'autres termes, laisser s'exprimer son être humain ? En tout somme, nous avions posé les jalons ; le reste suivrait ; nous devrions croire en notre projet, c'était le capital.

Les jours passèrent et, ne pouvant pas raisonner l'amour, presque tout l'établissement scolaire avait su notre intimité. Un mercredi, à la fin de la deuxième heure, nous terminions le cours de sciences zoologie, lorsque l'enseignant me dit d'un air amusé, « Safari, permettez-moi de saluer Faradja Kizingu de votre part ? ». J'avoue que je n'eus point de mot ; j'étais confus ; mes camarades se livrèrent à des cris et quolibets. Ah ! les copains ! Ces gens qui fouinent tout espace ; mais, ils étaient plaisants. Ce que je redoutais de tout ce vacarme, était la réaction de nos parents. Devais-je en parler à ma mère, celle qui savait toujours couver mes incartades, quand elle me disait sans cesse que la femme devait couronner mes études ? Maman ne voulait pas que j'échouasse ; elle me voulait aller loin dans mes études et devenir une personnalité influente de la planète. Tout comme elle, tout parent rêve toujours du meilleur pour sa progéniture. Ah ! ma mère ! Une sacrée lionne ! Je revois ses habiles mains, nous concocter ses fameux repas dont elle seule détenait le secret, secret reçu de sa mère qui l'eue de sa mère. Mon père, lui, adorant sa cuisine, ne se faisait pas prier pour se larder les doigts gangrénés par les travaux champêtres.

Partout l’on parlait de nous ; son frère, je le présageais, n’appréciait notre union. Tout allait timidement quand il fut exclu définitivement de l'Institut que nous fréquentions suite à sa flagrance délit de tricherie à l'examen de religion. Cette fâcheuse et triste nouvelle avait plongé l’établissement dans un désarroi total ; savoir un des nôtres quitter subitement ses rêves pour un autres ailleurs peut-être stérile, nous avait fendu le cœur. Mais, que pouvions-nous faire ? Ne dit-on pas que la loi est dure mais, c’est la loi ? L’Institut avait ses règles ; il nous fallait tout faire pour ne pas les transgresser. Son frère savait les risques qu’il courait mais, il avait tenté le diable. C’était dommage ; une voûte de crainte constante s’était dressée dans le ciel de notre école. Même si celui-ci était quelque peu un frein à mon épanouissement, il ne méritait pas ce qui lui était arrivé. Faradja pleura presque toutes les larmes de son corps mais, ses complaintes avaient buté sur le néant, la rigidité des maîtres de notre Institut. Si cela avait été moi, quelle image mes amis et professeurs auraient-ils gardé de moi ? Qui serais-je devenu pour ma belle Faradja ? Je crois que la honte m’aurait conduit à l’irréparable. De peur que cela m’arrivât, j’avais redoublé d’efforts afin de réussir mes devoirs scolaires. Chaque fois que je pense à ce malheur qui avait futilement ravi les espoirs d’un homme comme tout le monde, ma peine devenait plus que grande ; Faradja avait mal de voir son frère taxé de tricheur quand nous savions que l’honneur est une valeur cardinale chez nous. Peu importe nos spéculations, le fait était réel et la sanction bien définitive.

Contre toute attente, le renvoi de son frère avait négativement impacté nos rapports. Car, celui qui était son ange gardien, comme le commande notre tradition, l'avait laissé en pâture. S'il avait pour mission de veiller sur les dérives de sa sœur, il devait la garder de tout danger ; c'est pourquoi, les frères et sœurs sont scolarisés dans le même établissement. Et ça, je le savais que quiconque mais, j'avais tenté le tout pour le tout. Lorsqu'il avait appris que je courtisais Faradja, il l'avait mise en garde. Le frère parti, ma petite amie fut condamnée à quitter l'école, notre Institut où nous construisions communément notre avenir. Ne dit-on pas que l'homme propose mais Dieu dispose ? Tout était si beau pour être vrai et durer ; voici que je fus confronté à une autre difficulté. Si elle partait de notre Institut, je savais que je le perdrais ; la nature a horreur du vide et ça, je le savais. Tenant à la fille qui m'arrachait aux arrachements de l'humanité, je voulais convaincre mes parents de m'inscrire dans l'école qui la recevrait. Je savais mes intentions stériles mais, il m'avait fallu essayer pour me convaincre de ma volonté de tenir à mes convictions mêmes les plus irréelles. Chrétien, je savais que tout est possible à celui qui croit. Si tout pouvait être possible, mon vœu d'intégrer la même école de ma Faradja ne serait-ce pas une exception à ce principe divin ? Si l'horizon semblait nué, je gardais toujours ferme ma foi. J'avais pâli, la tête en feu, l'estomac vide, les larmes ridant mes joues, mes nuits devenues longues que longues. Ah ! quand être dépendant est un cancer !

Fondant dans mes milles et une question et hypothèses, je sentais le temps s'arrêter, le monde un supplice. « Que serai-je sans Faradja ? Resterait-elle fidèle à notre engagement ? », ne cessais-je de me questionner sans répit, évidé. A penser à son, « je t'appartiens déjà », je me souriais pour paraître humain. Tout comme Faradja, nombreux sont les hommes et femmes qui font des paris auxquels ils renoncent au fil du temps. Les personnes fidèles à leur serment ne se comptent plus par dizaine de nos jours. Quand l'intérêt s'invite à tout, il délie même le sacré et nie l'honneur. C'est le caractère vrai de l'homme, cet insatiable, cet être en perpétuel mouvement. De toute approche, si notre Institut avait ses réalités, ailleurs a également ses réalités et s'imposent parfois sans bruiter à ses habitants. Aller dans la même école que Faradja me garantirait-il forcement une union vraie, la paix du cœur ? Faut-il être absolument acteurs du même espace pour donner vie à un amour ? Je crois que non mais, il n'est pas négligeable que la distance tue l'amour, dit-on. Ah ! que tout explosait sans ma menue tête de moineau, dans mon minuscule cœur de chien en chaleur. Faradja était sur le point de partir…

Notre séparation fut pénible ; à y penser encore, je me sens malade, je me sens mort dans l'âme ; mes pensées étaient pleines de ses beaux yeux, son sourire à me régénérer, son corps de rêve et sa suave voix. Dans mon retrait, je repassais nos causeries, nos taquineries et le chemin que nous empruntions ensemble sous les regards de me détracteurs et sympathisants. Mes récréations étaient d'une tiédeur sans précédent, une expiation indescriptible. Désormais, je devais faire le trajet qui me menait à la maison, seul. Je continuais de penser à ce profond changement lorsque le deux juillet arriva ; c'était la fin de l'année scolaire. Si mes camarades se réjouissaient de retrouver leur liberté, le plus dure était à venir pour moi. Je m'en voulais de m'être aventuré dans ce traquenard mais, qui de prédire l'avenir ?

Sachant que j'étais profondément irrité, elle m'avait dit un jour : « Inutile de te stresser, chéri. Actuellement, nous n'avons aucun moyen pour changer les choses à notre profit. L'essentiel est de garder le regard rivé sur notre objectif. La distance n'est pas un frein à toute volonté ; tu es celui que j'ai choisi peu importe les circonstances ». J'avoue que ces propos avaient tu la rage qui me consumait ; marchant l'un auprès de l'autre comme d'accoutumé, je l'avais raccompagnée dans son quartier. De retour à la maison, je m'étais retiré dans ma chambre exiguë afin de contempler sa photo qu'elle avait pris grand soin de me remettre. « Si tu doutes de moi, tiens, voici une preuve de mon amour pour toi. Prends-la et ne la perd pas », m'avait-elle confié avant que nous nous séparions. Ce soir-là, j'eus un appétit d'éléphant ; j'avais vidé le bol que maman m'avait servi et, j'en avais demandé. Maman sourit. Elle était si heureuse que j'appréciasse son repas ; moi, également. Après le repas, j'avais vite gagné ma couchette. « Merci mon Dieu ! Grâce à toi, mon fils devient sage. Veille sur lui afin qu'il réussisse sa vie », disait maman qui me croyait endormi. Couché, foudroyant des yeux sa belle photo, je repassais mes doigts sur ma joue droite qu'elle avait baisé, au moment de nous quitter. Je me sentais si seul, interdit par les règles de la vie. Fallait-il aller en besogne ou laisser le temps tout façonner à la perfection pour moi ? Tout compte fait, je l'aimais et, je ne voulais pas la perdre. « C'est quand la distance s'impose que l'amour transparaît le plus. Le vide de l'absence nous fait aimer plus fort. Ce sont tous les souvenirs qui nous reviennent et les larmes qui nous montent aux yeux qui prouvent à quel point on déteste être séparés », pensais-je.

2

Faradja s'était résolue aux indications de ses parents. Quant à moi, ne pouvant rien y changer, laissais fuir le temps. Le cœur en lambeau, je graciais mon entourage d'un sourire jaune. Je voulais revoir Faradja, la fille qui me faisait perdre la tête, était désormais bien loin de mes sentiers. Devais-je renoncer à mes ambitions ou lui courir après ? Je me savais à un carrefour décisif de ma vie ; il me fallait faire le meilleur choix ; celui de mettre toujours les bœufs avant des charrues. Ne dit-on pas que qui veut aller loin ménage sa monture ? Renoncer à mes études pour perdre Faradja ou la gagner ? Quand on sait que rare sont les femmes qui, de nos jours, n'ont point d'intérêt pour les hommes sans à faire, devais-je tout abandonner pour attendre bonnement son amour ? « Sur le terrain de bataille, il faut toujours se battre jusqu'à son dernier souffle », m'avait dit un de mes maîtres. Si je devais me battre, était-ce pour gagner le cœur de Faradja ou réussir mes études et me trouver un boulot ? Rien n'était linéaire ; je devais d'entre tous choix, penser mon autonomie ; « Chaque chose à son temps, ne cessait de me dire ma maman » …

À l'école, tout comme dans mon quartier, tout le monde m'appelait Destifara, pseudonyme né de la relation que j'avais avec Faradja, la fille convoitée par tout le monde. A ces côtés, je me sentais fort, fier et honoré. A entendre les gens me héler, je me rappelais sans cesse de notre rencontre du deux juillet, date mémorable, date teinté des irréductibles traits de ma Faradja. Après trois mois des vacances, vint la rentrée des classes. L'école était mouvementée ; les anciens élèves se racontaient leurs folies des vacances tant que les nouveaux pensionnaires de l'Institut, accompagnés de leurs parents, semblaient oisifs. Je me sentais fade ; Faradja n'était plus des nôtres. Quand on ne peut pas transformer quelque chose, il faut s'y conformer. Face à la cruauté de la vie, je devais garder espoir en l'avenir. Avec le temps, je m'étais résous à accepter ma nouvelle condition. Loin de moi, impossible de poser dorénavant le regard sur celle que j'aimais, j'eus son numéro de téléphone quatre ans plus tard, grâce à John l'un de ses prétendants, avec qui j'ai fréquenté l'école primaire. Disposer du numéro de la fascinante Faradja, me fit énormément plaisir. Sans tarder, je lui envoyai un message : « Salut ma chérie. Tu ne peux imaginer ma joie de recevoir ton numéro de téléphone. J'espère que tu te portes bien. Depuis que tu es partie, rien n'est plus pareil. Prends soin de toi et, sache que je t'aime très fort. Je serais très heureux de te savoir bien aller… ».

Ma soirée fut merveilleuse comme celle du premier jour qu'on s'était croisés. On s'écrivait et, nous profitions des bonus de minuit. Une semaine plus tard, son numéro ne passait plus ; puis, s'en suivit un long et bouleversant silence. Deux années de plus que notre contact fut rompu. Voilà que subitement ma plaie qui peinait à cicatriser, était passé du simple au cancérigène. Tenant à mes études, j'obtins avec brio mon diplôme de fin d'études secondaires ; quant à elle, elle serait admise en classe de terminale. Tout, bien que maussade, continuait de suivre son cours teinté de que de déchirements secrets. A l'avènement de Facebook, j'entrepris des recherches sur elle ; je lui laissai un petit message, espérant que ce fût-elle. Heureusement que mes cauris avaient dit vrai ; quelle ne fut ma joie de retrouver la fille qui jusqu'à là, ne cessait de me faire perdre raison. Nous restâmes en contact jusqu'à ce que le partis à mon tour de notre pays d'origine, le Congo…

Nous nous étions revus dans le pays où tout avait débuté ; malgré le temps écoulé, j'étais heureux de revoir la fille dont le parfum hantait mes pensées. Je me souviens qu'elle m'avait saisi la main, posé sa tête de fée sur ma poitrine de coquelet et, elle se mit soudainement à pleurer.

- Pourquoi pleures-tu ? Nous ne quitterons plus. Nous avons grandi et, nous savons ce qui est bien pour nous, lui avais-je chuchoté à l'oreille. Tu m'as tellement manqué…
- J'aurais souhaité que tout se passât comme nous le souhaitons ; mais, j'ai le regret de t'annoncer que je pars à l'étranger sous la direction de mes parents.
- Où vas-tu ? avais-je laissé entendre, balbutiant…

Sans ménagement, contre toute attente, je venais de comprendre que ma peine était loin de son achèvement. Sans possibilité de la retenir et, tétanisé, je l'avais laissé rentrer chez elle. La gorge nouée certainement, elle s'en était allé sans un baiser, sans dire un mot de plus. Je sentis mes forces m'abandonner, mon cœur rompre. Nom de Dieu ! je sentis le poids des laideurs de l'humanité m'anéantir. Vu les nombreuses frasques dont j'étais victime depuis que j'avais fait la connaissance de Faradja, j'avais décidé de m'assumer si je tenais à m'assurer un avenir. Alors, je décidai d'aller loin, également. Trois jours avant mon voyage, elle revint à la maison pour me dire au revoir. Cette journée-là fut la plus déchirante ; nos émotions furent fortes. Malgré les pleurs, les arrachements inattendus, il fallut que je partisse.

Une année plus tard, je retournai dans mon pays, où je passai deux semaines. J'étais si content de retrouver ma famille biologique, mes amis, les Xaveris. Faradja était également revenue visiter ses parents. Tout s'est passé comme je l'avais souhaité, avant de reprendre la route qui mène au pays du Prince Rwagasore. Comme d'habitude, les jours se succédèrent sans grand changement ; j'étais tenu par mes études, tandis que de l'autre côté, la situation n'était plus la même... Le mois qui avait précédé celui de mon retour, je reçus une invitation de mariage. C'était celui de Faradja... Ne sachant comment me l'expliquer, elle m'avait fait la promesse d'en parler.

- Je sais que tu n'apprécieras pas cette nouvelle déconcertante mais, il faut que je te la raconte. Sache que nous disons des choses que seul le temps moule à sa guise. Je me souviens que nous nous sommes faits que de promesses. Nous marier et, vivre le restant de notre vie ensemble, n'a jamais cessé de meubler nos pensées. Notre histoire n'aurait pas dû prendre cette tournure mais, qui de raisonner l'invisible ?

- (Fade, désossé, terni, je fus. Que lui dire pour la raisonner ? Elle devait se marier et, cela n'était pas une blague). Je te comprends ; parfois, il y a des choses qu'on ne peut s'expliquer ni comprendre. Si tel est le sort que l'univers me réserve, je ne peux que me plier à ses exigences, dis-je péniblement, la voix enrouée mais contenue.
- Le destin en a décidé ainsi, dit-elle, calmement.
- Le destin, dis-tu ? Moi qui croyais avoir frappé à la bonne porte, me voir larguer sans préavis et, l'on me parle de destin ? Qu'ai-je fait au destin afin qu'il me réserve un tel sort ? Réponds ! N'importe quoi ! Tu me planques sans vergogne et tu me parles de destin ? Etait-ce ton alibi ? Qu'est-ce que j'ai été dupe ! Heureusement que tout est possible quand la vie se prolonge. Bon vent à toi, chère madame.
- Destin ! Ce n'est pas ce que tu crois ! Tout va tellement vite que nous n'arrivons pas à tout raisonner. Je n'avais pas prévu ce qui est arrivé mais, je ne peux plus renoncer à ma promesse faite à ma belle-famille et à mon mari qui n'attend que ce jour, le jour de notre départ vers la vie...
- Arrête-moi tes larmes de crocodiles. Si j'avais su que tu étais si sadique, je ne me serais pas donné assez de peines. Ne dit-on pas que ce qui ne nous tue pas, nous rend fort ?

Tout était clair que clair ; devais-je continuer de construire mon château de carte sur le sable à l'heure où passait l'aquilon ? De l'idéalisme, je m'étais rendu à l'évidence. Bien que je fusse révolté contre sa décision de se marier, je finis par prendre de la hauteur. Je me souviens que je lui avais envoyé un message de félicitations même si ma déception fut grande. Même si je lui tenais rigueur, qu'est-ce que je pouvais changer à cela ? Venu le jour du mariage, j'assistai à la cérémonie, peu importait ce que les gens diraient de moi. Je devais grandir. Le jour qui avait précédé celui de son mariage, j'ai pu recevoir plus de cent messages de moqueries peut-être : « Le mariage de ton ex… ». Si mes détracteurs jubilaient, j'étais néanmoins persuadé que nombreuses gens me plaignaient. Tout comme moi, ils se posaient mille et une questions sur les fondements de leurs unions. Avec le coup que m'avait porté Faradja, j'appris que rien ne peut être acquis ; la certitude est la mort. Car le bonheur est un théâtre, un leurre. Est-ce parce que tout ne peut être acquis qu'il ne faut pas rêver le bonheur ? Il faut toujours oser, oser sans cesse ; car, des échecs peuvent luire rêvé. L'espoir, c'est pour ceux qui vivent ; je devais voir ailleurs…

Le 15 août… J'avais le pressentiment que Faradja voulait m'écrier pour soit se faire pardonner, soit m'inviter à sa fête. Peu importait son état d'esprit, j'avais pris la résolution d'être de la partie. Ma douche prise, je n'eus pas le courage d'enfiler un pantalon pour être de leurs convives. Mais, je n'eus pas la force nécessaire de m'y rendre. Alors, je lui envoyai la photo qu'elle m'avait remise un soir de nos folies à partir de mon téléphone, tout en lui souhaitant rein que du bonheur dans sa nouvelle vie de mariée. « Désormais femme d'un autre homme », était le texte qui accompagna la photo que j'avais pris grand soin de brûler. Avec le temps, j'avais réalisé qu'il y a des choses que celle la mort peut nous sortir de la tête ; il était inutile donc de brûler cette carte ; le mal était là et (indomptable). Comme une trainée de poudre, la nouvelle du mariage de celle que j'eusse aimée, était devenue le sujet des conversations ; les réseaux sociaux avaient envoyé à tous les points du monde les images de cette partie qui m'avait plongé dans une profonde agonie.

Quelques jours plus tard, mon téléphone se mit à vibrer à s'exploser. Je ne voulais pas parler à quiconque ; j'avais besoin de repos, de retraite. Vu que l'appelant insistait, je finis par décrocher l'appel dont le numéro m'était inconnu.

- Allo ! avais-je dit, timidement.
- Allo, je voudrais parler à Destin.
- Qui est-ce ?
- (Après avoir poussé un profond soupir, une voix féminine se fit entendre). Je sais à quel point tu as mal. Je suis désolée, mon chéri.
- Si c'est Faradja, tu ferais mieux de cuire le repas de ton époux, dis-je, dépité.
- C'est-à-dire que ce n'est pas ce que tu crois, dit-elle. Tout passe sauf le passé ; tu resteras gravé dans mes pensées.
- Que veux-tu que je fasse de tes idioties ? Quant à moi, j'ai tiré un grand trait sur le passé ; je regrette ce conte de fée qui aurait failli me coûter la vie. Ma blessure est gardée mais, le temps est le médecin par excellence. S'il te plaît, ne m'appelle plus. Un choix reste un choix ; il faut l'assumer.

- Un mariage n’est pas la fin du monde. Tout est toujours révisable ? Rien n’est absolu sur la terre des hommes. Le problème est trop profond ; je te souhaite de passer une excellente journée. N’oublie jamais que je t’aime…

Un après-midi, loin du terrifiant soleil de Bujumbura, je siestais quand mon portable sonna à nouveau. Sans doute, ça devait être un autre appel de la nouvelle mariée. Devais-je me prêter à ses vilénies ? Vu mon indifférence, elle continuait d’insister ; alors, j’avais fini par décrocher l’appel.

- Allo ! disais-je.
- Salut Destin ! me répondit-elle, souriante.

Puis un silence de morgue avait pris place dans le téléphone ; comme si chacun de nous deux attendait que l'autre ouvrit le bal. Sachant ma déception grande, elle finit par parler.

- Pourquoi n'as-tu pas voulu décrocher mon appel ? Y aurait-il un problème ? De tout compte nous ne sommes pas des ennemis ; tu es un bon homme, je le sais que quiconque.
- « Destin, l'aimes-tu toujours ? », m’avais questionné, un jour, ma sœur cadette, qui savait ce que j’endurais. Va droit au but, madame, l’avais-je intimé, éberlué. (« Ecoute ! même si je l'aimais encore, ça ne vaudrait pas la peine. Elle est déjà une femme de quelqu'un », avais-je répondu à ma sœur.
- (De ses yeux tout braqués sur moi, elle me dit posément) ; je te plains grand-frère mais, je ne saurais comment te venir en aide. Car, une affaire de cœur n’a de médecin que soi-même ou le temps. Je te sais fort et, l’avenir te réserve… Madame, je prenais ma douche, répondis-je.

- Tu es sûr ? répliqua-t-elle.

De quoi parler ? Du passé ? Du présent ? De l'avenir ? Le présent était si amer mais, il faut toujours avoir du cran face aux irrégularités de la vie. N'est-ce pas la définition vraie du vivre ? le devant être des choses du monde ?

- Pourquoi es-tu si calme ? me demanda-t-elle.
- Devais-je jubiler ? répliquai-je.
- J'ai l'impression que ça ne va pas ! Destin tu es sûr que ça va ? Ou tu es encore fâché ? Suis-je fautive ? Serait-ce moi la cause ? avait-elle poursuivi, sans gêne.

Faradja se sentait coupable de je ne savais quoi. Devais-je lui dire que je peinais à me remettre de sa trahison ? Même si tout semblait me raser, je ne devais pas montrer à cette femme qui ne méritait pas que je lui vouai un intérêt particulier, que je me sentais si mal, mal de la savoir tout bâcler.

- Pourquoi me fâcher contre toi ? Est-ce parce que tu t'es mariée ? Ce n'est pas ta faute ; nous devons tout ce qui est arrivé au destin, cet impénétrable, avais-je renchéri.
- (Elle sourit). Je vis à présent à Goma dans la province du Nord-Kivu. J'espère qu'il te plaira d'y séjourner…
- Ce serait avec plaisir, ma foi. J'y pensais avec John.
- John ! S'était-elle écriée.

La veille, on causait lorsqu'il m'avait dit qu'après mon départ, il était devenu un compagnon fidèle de Faradja. Il savait beaucoup de la fille que je n'avais jusque-là que connue superficiellement. Des histoires mirobolantes des femmes, j'en avais entendu assez ; de celles qui cocufiaient leurs maris à celles qui n'étaient que de véritables escrocs, menteuses et opportuniste qu'attendre véritablement de la (mienne) ? De l'autre côté du téléphone, mon interlocutrice reçut un visiteur. Elle lui fit ses civilités, me demandant de rester en ligne. Cinq minutes plus tard, elle revint sur le sujet et, on discuta durant quarante-cinq minutes mais ; je devais me rendre à la fac alors, je pris congés d'elle. Si je l'avais perdu, devais-je hypothéquer mes études ? Une page était tournée ; je devais sortir de mes rêveries. « Est-ce vrai qu'on s'aime pour se quitter un jour ? », voulus-je comprendre. Aimer et amour, ces mots si difficiles à définir. Si aimer est souffrir ou mourir pour des futilités, pourquoi aimer, tomber amoureux ? Quand la vie nous réserve tant de surprises ! Des surprises, c'en était une, une de mauvais goût. Sans détour, j'avais beaucoup appris de ma naïveté.

Le lendemain soir, nous étions assis dans un bistrot lorsqu'un qu'un ami étudiant me parlait de sa première séparation avec sa famille. Nous avions une histoire similaire ; mon compagnon me regarda sans rien dire. Il voulait aussi savoir comment la mienne s'était déroulée. Faillait-il encore me souvenir de cette fameuse période qui failli me faire pleurer dans un lieu public ? Il m'était difficile de lui raconter la mienne ; mais, il insista tellement que je m'étais prêté à sa curiosité. Quand parler est une thérapie, il ne faut pas s'en priver quand besoin est ; je voulais me vider en partie…

3

C'était à la fin du mois de juillet ; les résultats de l'Exetat (Examen d'État) furent publiés. La ville était mouvementée, les lauréats savouraient leur joie tandis que les malheureux candidats avaient le visage rongé par la colère et le désespoir. Evidemment, si les portes universitaires étaient grandement ouvertes pour les uns, elles restèrent fermées aux éventuels lauréats des années à venir. J'étais très content d'être réussi à cet important examen. Si certains voulaient continuer leur cursus scolaire au Congo, d'autres envisageaient partir étudier à l'étranger. De ceux qui voulaient prospecter d'autres horizons, j'avais décidé d'aller étudier dans une université burundaise. En novembre de la même année, ce fut la rentrée estudiantine au du Congo. Confiant que mon test fût concluant, je continuais de croiser les doigts. En janvier, ce fut le départ pour moi dans mon nouveau pays d'accueil, loin de ma famille, loin de tous ceux qui m'étaient chers, loin de ma culture. Si partir fut pénible, j'avais gardé espoir que je reviendrais dans mon pays mais, transformé pour transformer utilement ma société. Ma mère était partagée entre deux sentiments : joie et peine. Comme toute mère, elle s'inquiétait pour mon autogestion ; celle qui ne voyait jamais grandir même si j'étais septuagénaire, fut condamnée à me laisser partir. Tout comme la mère de l'écrivain guinéen Camara Laye, qui se demandait qui laverait les habits de son fils, et qui prendrait soin de lui s'il tombait malade et qui lui préparerait de quoi manger, le sommeil avait quitté le lit de maman. Mais, je devais partir, si je voulais devenir un homme ; et, mon père en était persuadé ; de grands défis m'y attendaient – il me fallait les relever – il me fallait tout entreprendre afin de hisser haut le drapeau de ma famille et contribuer au développement de mon pays…

Après toutes les démarches et les conseils avisés de mes parents sans excepter leurs bénédictions, je m'étais mis en route le cinq janvier pour le pays du Prince Rwagasore. Bien avant, j'avais profité pour dire au revoir aux Xaveris de ma paroisse de Buholo, sans oublier tous mes proches. Je me souviens qu'à la veille de mon voyage, je ne pus fermer les yeux de toute la nuit. Ah ! quand l'ailleurs, cet inconnu qui couve bonheur et désolation nous attend ! Si j'étais heureux d'être retenu dans une université étrangère, savoir que les regards étaient tournés vers mon retour, m'étreignait le cœur. Ambassadeur de ma famille et des millions de mes concitoyens m'attendaient ; et ça, j'en étais plus que conscient. L'écrivain Ahmadou Kourouma disait à travers *Jusqu'au vote des bêtes sauvages* que la mort engloutit l'homme mais, la mort n'englouti pas son âme. Cela est vrai ; si je voulais que l'humanité garde un bon souvenir de moi de mon passage sur terre, je me devais de lui servir la meilleure version de moi-même. En tout homme, sommeille un génie ; s'il suffisait de le stimuler. Tout au fond de moi-même, je savais que je n'attendais que mon propre émerveillement. Et, c'était la condition irrévocable, si je voulais me sentir vivre qu'être. L'université, une autre chance. Le Burundi, une autre expérience…

Loin de tous ceux qui m'étaient chers, il n'y avait qu'un seul pont : la communication. Quand les appels téléphoniques sont d'une cherté inestimable, impossible de trouver soupir dans la connexion internet. Et, c'est entre autres maux, l'un d'un mal africain, précisément de mon Congo et mon pays d'adoption. Loin de la case de mon père et des fumants repas de ma mère, tout comme les camarades qui s'étaient invités dans cette marche vers nulle part certainement, je devais savoir questionner le temps, savoir attendre et savoir aller de l'avant. Tout comme un chef militaire de l'antiquité qui tenait à remporter coûte que coûte une bataille, ayant mis du feu au navire de sa section qui avait débarquée sur une île, je devais me battre si je tenais à ma vie et à la victoire. La vie jusqu'à-là n'a pas été ne m'avait certainement pas laissé de choix – était-ce pour me prédisposer à cet autre voyage sans merci que Faradja avait croisé mon chemin ? De notre pathétique histoire, j'avais tiré beaucoup de leçons. J'avais appris que quand on ne peut pas transformer, il faut se conformer ; tout fuit à la vitesse de l'éclair, il faut être alerte ; rien n'est certain, seule le courage et le réalisme doivent nourrir mes attentes.

Je me souviens que le jour de mon départ de la maison qui m'avait vu naître et grandir, c'était ma mère qui m'avait sorti de mon sommeil qui finit par avoir raison de ma raison, vers cinq heures du matin.

- Un étudiant ne dort pas comme tu le fais mon fils. Cours te laver, prendre tout petit-déjeuner et filer pour la gare.

- Ne t'inquiète pas maman ; je sais ce que je fais. Il est encore nuit ; je me sens fatigué, s'il te plaît.

- J'imagine ce que tu deviendras loin de ton père et moi. A cause de toi, ton père n'a pas dormi. Nous sommes si inquiets. Voilà que tu ne nous laisses pas de choix. Mon fils, là-bas n'est pas ici. Regarde la misère qui nous ronge si amèrement. Veux-tu hériter de ce qui n'a pas droit de citer ? Nous avons foi en toi et, tu dois le savoir. Lève-tôt sinon, tu rendras ton père malheureux, avait dit ma mère, diminuée.

- C'est compris maman. Ne vous inquiétez pas trop pour moi ; je me battrai comme un lion ; je vous en fais la promesse.

- On reconnait le poussin qui deviendra un coq par quelques signes. Toi, tu nous laisses dubitatifs…

- (Je n'étais pas encore parti loin d'eux qu'ils commençaient à s'inquiéter. Avec le temps, je réalisai la responsabilité des parents ; ces gens qui sont prêts à tout afin que rien ne nous arrive de grave). Je comprends la situation maman. Papa et toi, aviez pleinement raison. Il ne faut toujours pas perdre de vue son objectif ; le sommeil, la paresse et la procrastination deviennent de mauvais arbitres, si l'on n'ose se décider, se surpasser). Je pars me laver et, me conditionner avant mon départ. Dis à papa que je l'aime très fort…

Après la douche, comme d'habitude, j'avais fléchis les genoux et, je confiai ma famille et mon voyage à l'Eternel. Maman et papa était content de savoir que j'étais attaché à Dieu ; cela présageait que je ne m'adonnerais pas aux dérives des sociétés en pleine mutation. Lorsque je quittais la paroisse, j'entendis une voix insistante : « Justin ! Justin ! ». C'était le curé, un vieil homme de plus de quatre-vingts dix ans, pourtant jeune d'esprit. Père Biennaux, est son nom. Il savait que je devais partir pour l'étranger. Je me souviens que j'avais passé quelques jours dans le couvent de l'Eglise, afin que Dieu me guidât dans cette aventure dont les réalités restèrent inconnues.

- Bonjour mon père.

- Salut mon garçon, m'avait-il dit, avant de me demander de le suivre dans son bureau paré de livres Saints et bien d'articles sacrés.

- Justin, nakupenda sana ! m'avait-il dit… (De l'un de ses tiroirs, il sortit un billet de cinq dollars qu'il me tendit). Tiens mon enfant ; cela pourra te servir à quelque chose là-bas, on ne sait jamais. Sois sage et ne te lasse jamais de prier Dieu…

- Merci infiniment mon père. Je vous promets que je suivrai tous vos conseils. Priez pour moi, notre Dieu.

- (Il m'offrit *Prier 15 jours avec maître Eckhart* qu'il avait reçu le jour de son entrée au séminaire). Ceci est pour toi, mon fils. Lis sans cesse, même si les africains n'aiment pas lire. (Il rit, avant de continuer). J'espère que je dis vrai ! N'est-ce pas, mon enfant ? m'avait-il interrogé.

- (Je devais vite rentrer à la maison car, je savais mes parents s'inquiéter. Maman, cette lève-tôt et couche-tard, avait déjà fini de cuire le repas que nous devrions partager ensemble). Sauf votre respect, mon père, je voudrais prendre congés de vous. Je ne saurais vous remercier pour l'attention que vous mes vouez depuis que je suis des vôtres.

Le père Biennaux s'était chargé de payer mon billet de voyage ; il était si content de me voir partir affronter d'autres réalités de la vie. Pour lui, l'homme ne devient homme voire sage ou aguerri que s'il est confronté aux difficultés. N'était-ce pas cela que l'écrivain malien Amadou Hampâté Bâ disait qu'un vieillard qui est resté durant cent ans dans son village et, un jeune homme qui a parcouru cent village, n'ont pas la même expérience ? J'allais découvrir ce que mes parents, tout comme nombreuses gens de ma tribu et de mon pays ne découvriront pas. Difficile fut la séparation mais, il me fallait partir si je tenais à mes rêves : ceux de sortir ma famille de la précarité et m'affranchir de toutes servitudes. Je revois encore, comme si c'était hier, les larmes rouge-sang de ma mère et la douleur contenue de mon père qui m'avait d'une voix terne dit : « Un homme reste un homme. Reste fort et digne dans les épreuves qui t'attendent de l'autre côté. Ne couche jamais la femme d'autrui, ne te lasse jamais de questionner même l'évidence. Sois serviable, social et sociable. Chaque fois que tu t'égareras, rappelle-toi d'où tu viens. Je ne sais plus combien de temps me reste à vivre ; tu es la relève alors lève-toi et, marche comme un lion. L'homme n'a de repos que dans sa tombe ; il faut avoir le goût continu de l'effort. Tu es notre fierté. Que le Dieu de nos pères t'accompagne en tout ».

Je me sentais très mal de partir loin d'Urbain, le plus jeune de notre fratrie. A cette époque, il n'avait qu'un an ; il était beau et insouciant. De ses grands yeux, il décryptait certainement tout ce qui l'environnait. L'enfance, la meilleure partie de l'homme ; point de charges, point de déchirements. Mais l'homme doit-il rester ainsi ? Tout évolue, il faut évoluer car, toute vie est un mouvement. Tout au fond de moi, je savais qu'il grandirait loin de mes yeux, loin de ma chaleur fraternelle. Mais, que pouvions-nous changer aux vents parfois irréductibles de la vie ? Il grandissait et, moi, j'avais des obligations. Hier, j'étais comme lui, et demain, il serait comme moi. Ainsi est le cycle de la vie. Aller loin de lui, c'était en quelque sorte, lui réserver un radieux avenir ; rester là, ne serait-ce pas le condamner au cauchemar de la vie ? Je tenais tant à mon petit-frère mais, il me fallait partir pour mieux l'aimer dans l'avenir. En tout somme, j'avais foi en notre mère. Aussi, je pense à mon Christian Buhashe, un condisciple de Xaveris, avec qui j'ai trimé durant des années. Que deviendrait l'un sans l'autre ? A y penser, mes larmes échouèrent sur mes flasques joues, le souffle anormal ; mais, le jeu était fait, tout était scellé ; il faut parfois se quitter pour mieux se retrouver. Taisant la panique de ses yeux embués de larmes, il me tapota l'épaule gauche en me disant : « On se revoir très bientôt, mon vieux. Tu vas beaucoup me manquer. Parfois, il est inutile de raisonner la vie ; elle nous impose ses limites, ses couleurs. Ne perds pas de vue ton objectif. Bonne chance ! ». Larmes. « Christian, je crois que dans un mois tu seras la première personne à lui rendre visite », lui avait dit, mon père, les lèvres gangrénées, la vue floutée, les paupières battantes. Ma mère avança timidement vers moi, le regard écrasé, elle s'efforça à bredouiller quelques mots : « Prends soin de toi là-bas, mon chéri. Sache que je t'aime fort ; ton père et toute la famille, également. Tu vas me manquer mais, ce n'est qu'une question de temps. Dissocie l'amusement de tes études. Nous n'avons que le regard sur ton triomphal retour. La misère a trop eu raison de nous ; elle doit quitter sans délai notre case, grâce à ta vaillance ». A la regarder, André Marius qui disait que « Pour toute mère, son enfant est son dieu », n'aurait-il pas dit vrai ?

Les yeux hagards, j'avais foulé le sol burundais. La ville cuisait sous un soleil de plomb ; les gens allèrent et venaient de toute part. Bujumbura, la capitale dont l'on me parlait tant, était désormais une réalité. Je contemplais ces beaux bâtiments, ses magnifiques rues. Le paysage farci d'impressionnantes infrastructures, donnait un charme à ces lieux, le nouvel lieu qui m'accueillait. Sur le trajet qui relie Bukavu à Bujumbura en passant par la frontière de la Ruhwa, durant quatre heures de route, je fus émerveillé par la faune et la flore. Bien que la température oscillait entre vingt-neuf et trente degrés Celsius, je me sentais vivre ; hier était désormais derrière moi ; je devais tout déployer pour réussir la promesse que j’avais faite aux miens car je n’avais pas droit à l’erreur. La tombante, je devais me rendre dans ma famille d'accueil dans la commune de Kenyosha, au Sud de la capitale. Pour espérer trouver une place dans l’un des bus qui faisait la liaison, j’ai dû enfreindre à bien de règles (alignement, délicatesse). J’étais dans une ville que je ne connaissais pas ; je ne voulais pas me faire agresser ni croupir sur le quai ; il me fallait vite quitter la station. Assis à bord du bus parti de Musaga-Kinanira pour Kanyosha, je soupirai ; un garçon plus âgé que moi, barbu et Costaud me dit de respecter la file d'attente. Il était vingt heures lorsque j'arrivai à destination. La mère et le frère d'un ami, devant me recueillir m’attendaient, impatients. Une de mes nouvelles sœurs s’activait à la cuisine. Je me souviens que leur défunt père Musemakweri m’avait comme le commande la tradition, demandé les nouvelles de ma famille et de nos voisins ; il voulut également savoir mes ambitions universitaires.

La nuit fut longue et pénible ; les moustiques avaient pris d’assaut la maison ; impossible de se couvrir vu la chaleur caniculaire de la pièce. Je suis à me vider d’un peu d’eau qui gardait ma peau des rides. Malgré mon combat acharné contre les moustiques, le sommeil avait fini par leur donner un sacré avantage sur moi ; la moustiquaire ne les avait pas dissuadés. J’étais content d’être un nouvel membre de cette famille ; elle était à mes moindres soins ; nous discutions aisément. Avec le temps, j’eus de nouveaux amis dans mon quartier. De tout compte, mon intégration a été un succès. Puis, au bout de quelques semaines, je trouvai un appartement dans le quartier de Ngagara, à l'Ouest de la ville. Le jour de mon départ arrivé, je devais à présent vivre seul, apprécier la solitude. Comme un nomade, je sentais mon périple loin d'être achevé. Tout comme une feuille morte livrée à la merci du vent, je suivis le cours du temps, les presses de la vie. « Vas-y, fils. Ça t'apprendra à devenir un homme ; la vie est un perpétuel recommencement. Il faut tenir la route, il faut savoir ce qu'on recherche. Si la force et le courage, l'or sera à portée de tes doigts », m'avait dit presque sans cesse mon père, lorsqu'il avait appris que je le quitterais pour un certain moment. J'étais désormais bien seul, loin de mon père, loin de ma mère, loin d'Urbain, même très loin de Faradja, loin du père Biennaux, loin de John… Mon nouvel appartement n'était pas assez grand, mais il était beau et aéré. Par coïncidence peut-être, je l'occupais avec logeais avec Xaveri – on l'appelle également Paul – il aimait beaucoup l'informatique qui occupait presque tout son temps. Ensemble, nous avions défini moindre mode de gestion, afin de s'entraider, tenir notre local propre et faire face à nos besoins.

Chrétiens, nous faisions nos prières matin et soir. Notre complicité était si grande. Si mon père était très méticuleux sur les heures de prières familiales, il n'avait pas prêché dans le désert – car, grâce à sa rigueur et la fermeté de sa foi, je ne pouvais plus me passer de mes prières. « Aucun homme ne peut nier Dieu ; car il lui doit son souffle de vie. Quiconque croit en lui, aura la vie éternelle. Il est le chemin, la vie et la vérité. Avec Lui, tout est possible. Il combat le juste combat pour ceux qui le louent, ceux qui plaignent les autres », ne cessait de nous enseigner et rappeler papa. Maman, les mains croisées, la tête coiffée d'un foulard, les yeux fermés, la tête baissée, mimait des prières quelquefois. Jamais maman ne contredisait mon père. Elle faisait tout ce qui était de son pouvoir pour le rendre heureux et, prendre également soin de nous. Dans notre appartement, nous saluons à tout lever du jour et nous souhaitions une excellente journée ; il en était de même, venue l'heure de regagner notre couchette. A nous conter nos imprudences, nous rions à gorges déployées.

Seigneur nous Te rendons grâce pour Tes bienfaits !
Nous sommes pécheurs. Nous t'implorons.
Ô, Dieu ! Garde-nous de tout mal dans cet autre pays
N'oublie pas nos familles et nos parents.
Accorde-leur Ta grâce afin qu'ils nous assistent.
Nous Te confions tous nos frères Xaveri
Tu sais ce dont on a besoin ; prends pitié.
Sainte Marie, intercède pour nous tes enfants
Toi qui vis et règnes pour le siècle des siècles.

Chaque dimanche nous nous rendions à la deuxième messe, celle de huit heures à la paroisse Saint Joseph de Ngagara. Egalement, nous prenions part à la rencontre du Xavéri, réunissant tous les rayonnants « âgé de dix-huit ans jusqu'à l'engagement », sans oublier celle de l'équipe de l'anneau « marié ou … » qui se tenait chaque dimanche à dix heures après la messe. Dans le cadre d'autres programmes, nous nous étions rendus à la plage Black Sneek, où nous jouâmes au football et nous prêtions à bien de jeux. Après une heure de jeu, l'arbitre siffla la fin du match et, l'on nous annonça une randonné sur le lac Tanganyika, le deuxième plus grand lac africain. Paul et moi réussissions toutes les épreuves en vue d'intégrer la grande famille du mouvement Xaveri. Là-bas, j'ai retrouvé un vieil ami – il s'appelle Paulin – il parlait correctement kirundi ; alors, pour la circonstance, il nous avait servi d'interprète. Scientifique, il venait à peine de finir son parcours à l'université du lac Tanganyika. Tout le monde se mit à danser sauf moi. Je n'aimais pas danser en public. Un proverbe de chez moi : « ukifika nafasi ambapo watu wako nacheza, ayi kufahi kucheza wakwanza bali kutizama kwanza wanavyo tupa miguu » ; c'est-à-dire que si par hasard vous vous retrouvez quelque par où l'on danse ne danse pas le premier mais, observer d'abord comment on s'y prend. Jamais je n'avais imaginé que les burundais aimaient la musique congolaise. Quelque minute plus tard, une cheftaine m'appela ; elle m'ordonna de danser avec les autres. Destin danser ? Cela m'avait fait revivre mon dernier vécu dans une rencontre réunissant les rayonnants de l'archidiocèse de Bukavu et ceux de l'université du Burundi. Je me levai tout doucement ; je tins la main de la cheftaine, l'invitant à danser avec moi, la rumba… La partie terminée, nous avions regagné nos maisons en bus, après avoir partagé un pot dans un bistrot.

4

Arriva à la maison, nous étions tous deux fatigués. Avant de se coucher, une petite prière de remerciement et reconnaissance à la vie et à son donateur. La journée de cette date fut la plus agréable de toute l'année malgré sa fatigue énorme. Une agréabilité qui nous avait coûté trois jours de repos sans aucune sortie possible.

Les jours passèrent et nous voilà en mars. Pour la première fois, nous devrions songer à réécrire une nouvelle histoire. La maison nous paraissait déjà trop petite vue nos bagages et nos besoins. On envisageait alors, se déménager la semaine prochaine peut-être le samedi ou le dimanche tout dépendrait du programme qu'allait nous notifier notre nouveau bailleur. Le temps, l'envi, les devoirs et les objectifs tous nous guettaient mais le choix semblait irréversible.

A ce moment-là, je m'intéressais trop à la Photoshop. Mes premières notions de base me furent dispensées par mon coéquipier. Non seulement que celui-ci était passionné de ce logiciel de montage photo mais aussi il était en avance par rapport à moi.

L'apprentissage demande du courage et une certaine détermination, me disait mon compagnon. Son courage fut exceptionnel. Chaque soir après nos cours, c'était une formation accélérée à domicile. Paulin, il me mettait à son côté, m'expliquait les fonctionnements de ce logiciel et m'accordait de temps à temps l'occasion de se familiariser avec. C'était l'unique moyen de marier la théorie à la pratique et la seule manière de motiver ma curiosité.

Une méthode qui m'était utile pour s'améliorer

- C'est simple ! il vous faut juste stimuler votre créativité. Dit Paulin
- Et pensez-vous que j'y suis déjà arrivé ?
- Non, Destin. Il vous faut encore un effort. Mais vous semblez bien maitriser à la lettre tout ce que je vous dis. Courage, ensemble on y arrivera.

Mon compagnon avait un air optimiste et pour lui, l'impossible n'avait point de place. Il m'encourageait à donner les meilleurs de moi-même et surtout à se forcer d'être créatif. C'était tout à fait logique. Le design est très exigeant et sa beauté et son originalité reviennent de l'imagination. On devrait imaginer tout en s'inspirant des autres artistes. Mon compagnon avait un regard ferme et captif surtout quand il me reprochait.

- Vous n'avez plus droit à l'erreur. Vous avez déjà les notions qu'il faut pour me produire des bons résultats.

Evitez de répéter la même chose. Soyez inventif ! me disait-il.

Il devrait bien assumer sa place de maitre et mettre de côté la casquette d'ami pour m'aider à relever le défi. Au fur du temps, sans ou avec Paul, j'étais déjà à mesure de m'y débrouiller. Désormais, le design n'était plus seulement une question de formation ni d'innovation mais une capacité à explorer son esprit critique. Ce moment était difficile mais précieux. Ça m'avait aidé à réfléchir sur ce que disait mon père à tout moment qu'on passait une journée ensemble. Il me disait toujours de tout faire par amour et par passion car rien n'était aussi impossible devant une volonté ferme.

La terre continuait sa course autour du soleil et le temps semblait tourner à notre faveur. Le raid et l'optimisme faisaient partie de notre quotidien. C'était une bonne occasion de se découvrir mutuellement. Tout en sachant que, personne n'était infaillible. On s'acceptait mutuellement et vivait comme des frères. Une cohabitation qui fut facilitée par nos liens Xaveri. A la réunion, on nous disait presque à chaque rencontre qu'un Xaveri ne manquerait pas d'ami et que partout où il passerait, devrait faire preuve de confiance et d'amitié. Un principe qui guidait nos pas et animait nos cœurs. C'était l'amour de Dieu et de prochain qui synthétisaient le sens d'être Xaveri. Cette vie-là, bâtie sur l'entraide et la tolérance faisait l'honneur de cette aventure.

Ça faisait à peu près quatre mois depuis qu'on avait déménagé. Tout n'était plus comme avant. Nous étions soumis à des nouvelles règles de vie dont la majorité nous paraissait inhumaine et insoutenable. Notre nouveau bailleur, l'homme aux multiples facettes. Il contrôlait tout le mouvement possible qui se déroulait dans sa parcelle. On dirait que nous devenions ses enfants et non ses collaborateurs. Une considération à laquelle moi et mon compagnon n'allions pas céder. Pour lui, il était le seul maitre à qui nous devrions obéir et marcher selon ses préférences. Devrions-nous s'y incliner juste pour satisfaire sa volonté tout en bafouant nos droits vis-à-vis de lui ? La situation n'était pas perçue de la même manière. Les uns nous disaient de tenir la tête haute au moment où les autres insistaient sur le sens de collaboration et non de la domination.

On nous disait que le chef avait toujours raison. Dans une société comme la nôtre où la chefferie jouie de son vrai sens, la décision du chef a toujours été la bonne et sans contestation peu importe sa forme.

Nous croyons alors qu'il était temps de corriger le passé et débuter un nouveau vent. Nous ne devrions pas demeurerait de la peur, sinon s'y enfermer serait mourir deux fois et péniblement.

Et pourtant son âge qui flottait dans des cinquantaines, ce celui-ci commettait des actes enfantins et immoraux. Le respect d'autrui était inexistant à son égard. On avait comme impression que son comportement était lié à son mode de vie. Il était un fumeur de chanvre.

J'avais mare avec ce stimulant. Je ne cessais de m'imaginer combien des familles avaient perdu les leur suite à cette drogue et combien d'amis étaient devenus des vaut rien suite chanvre. C'était désolant mais on n'y était pour rien et on ne pouvait rien. Mon bailleur, il avait un air doux et compréhensif. Son caractère était variable, tantôt chaud tantôt froid. De nos côtés, on ne pouvait que s'y adapter. Rudo, c'était son nom. Un homme qui semblait être bouleversé de son passé et déçu de son présent. Hier soir, il nous disait qu'il avait un enfant de 17 ans et nous promettait de nous le présenter un jour. D'après ses affirmations, il avait eu cet enfant avec sa belle-sœur c'est-à-dire la femme de son frère aîné avant que celle-ci soit épousée à un Français. Même quand le présent exigeait de tout oublier, le passer gardait toujours ses traces. En termes de payement de loyer, il n'était pas très exigeant. Le payement du loyer, faisait partie de l'un des grands moments les plus embêtants de notre histoire. Notre versement était à la base notre peine. C'était un moment propice pour notre bailleur renommé le grand bosse Rudo de se souler jusqu'au petit matin. A son retour, étant bourré, nous autres payions les peaux cassées. Son attitude était la même, il nous toquait à son retour et nous reprochait de ne pas avoir fermé sa porte comme si on n'allait lui priver l'entrée. Une telle peine nous était lourde à supporter encore moins face à une journée stressante et fatiguant que nous passions au sein de l'université. C'est normal, pour nous la nuit était sacrée et un précieux moment de repos mais de fois il nous était difficile d'en envisager devant une telle situation.

Comment oublier cette nuit qui nous valait la peine de se casser les os de la tête. C'était exactement minuit quarante-cinq quand le bosse de l'enclot nous réveilla tout en paniquant. La même faute nous était accusée.

- Paulin, vous devez respecter les normes de chez. Dans le cas contraire, vous devez aller chercher à ailleurs ! on se comprend ? Bande des mioches et je vous appelle sans que vous ne puissiez pas me répondre. C'est à moi que vous jouez à la mort ?

Un silence de mort, personne ne voulait répliquer à raison de ne pas vouloir prolonger le débat. Tout n'allait pas se calmer sans une réponse de notre part, par ailleurs, il savait que notre porte n'était pas fermée à l'intérieur et qu'il allait y pénétrer au moment de son choix. Une minute plus tard, il était dans la pièce.

- Paulin, doit-on continuer comme ça ? demanda-t-il.

Il était habitué au nom de mon compagnon, la prononciation du mien lui paraissait difficile.

- Vieux, on n'en discutera demain matin. Accordez-nous le temps de se reposer
- Vous vous fichiez de moi ?
- Il serait poli de nous accorder l'occasion de dormir. Toutefois, le domicile est inviolable. Vous nous devez du respect comme nous vous le devons. Répliqua mon compagnon en rage de chien.

Le scénario me semblait inhabituel. Je ne voulais pas y apporter ma voix encore moins répondre à un fumeur de chanvre mais quand le temps nous impose de parler, le mot parait la seule arme à mesure de nous débarrasser de notre adversaire. Sa clameur à l'égard de mon ami fut lourde et désormais j'allais sortir de mon silence pour appuyer et défendre mon compagnon.

Une semaine plus tard, nous recevions de visiteurs provenant de la république démocratique du Congo. C'était deux frères Xavéris qui étaient de passage et décidèrent de passer la nuit chez nous.

Pour nous, c'était une retrouvaille. Qu'en était-il pour le bailleur ? On n'hésitait pas de s'interroger. La perception de celui-ci a toujours été différente à la nôtre. Pour lui, sa maison était transformée à un foyer d'accueil. Une chose qu'il nous reprocha devant nos visiteurs et obligea leur départ sans condition. C'était à 2h30 et personne n'allait plus sortir pour chercher une maison de passage. Sortir dans un pays étranger ? Si du moins on maitrisait la langue des autochtones, ça serait faisable. Après une longue discussion, une amande de 10 000fbu nous fut facturée par notre bailleur sinon dans le cas contraire, ces derniers allaient sortir de la maison. La messe était dite d'avance et nous ne devrions qu'en subir. On nous avait toujours dit qu'un congolais ne manquait pas d'argent et que nous ne traitions qu'avec les devises.

- Le problème est que vous ne me comprenez jamais mais je vous ai toujours dit qu'ici chez moi n'est pas une école maternelle encore moins un foyer d'accueil pour les sans-abris.

- Ça ne vaut pas la peine de s'énerver, on en finir en famille. Dit Paulin
- Toutefois, j'espère que nous payons le loyer et nous avons le droit d'une visite d'ami ou d'un familier. Réplique-je !

Il n'allait plus répondre, il l'avait déjà perçu ses dix mille francs burundais. Il se retira un moment, se dirigea chez lui et nous souhaita une bonne continuation de la nuit. Mais avant de partir, il nous disait que les 10.000fbu seraient destinés aux policiers qui passeraient à l'aurore. Une affirmation qui nous avait privé le sommeil jusqu'au petit matin. Notre attente aux soldats fut comme celle des chrétiens à l'égard du messie.

Cette nuit-là, fut longue et suffisante. Ça nous servait alors de comprendre combien ce n'était pas facile d'être un locateur et combien la vie en dehors de chez soi était peinable. Cette scène était suffisant pour nos amis enfin de leur permettre d'avoir de quoi raconter au pays. Pour nous autres, la trajectoire était encore trop longue. On n'allait pas baisser les bras, ça faisait partie d'expérience.

Il nous faudrait atteindre trois mois plus tard pour revivre la même scène. C'était mon compagnon qui recevait une visite improviste de son cousin. Il venait prendre part à une défense académique d'un familier. Il jugea alors de venir un jour avant l'événement. Il n'avait nulle part où allait, et de nouveau nous prenions le risque de le loger. Dans toutes les façons, le devoir est plus fort que le désir mais entre frère et ami, le choix était clair. Nous devrions d'abord rendre service et le reste on pourrait s'en occuper plus tard. C'était à 21h top quand le nommé Boss annonça son arrivé par un bonsoir ironique.

- Destin, encore un visiteur ?
- D'abord bonsoir, et la suite on s'en parlera.
- Vous zappez déjà à notre contrat et ça je ne dois pas accepter.
- Je ne crois que ça soit le cas.
- Il est mon cousin et il va passer une nuit ici car... Il interrompu Paulin est déclara ne pas en vouloir d'explication. Il n'y avait pas de négociation possible. Cette fois-ci, l'homme demeurait ferme dans sa décision. Notre visiteur devrait partir à ce moment-là même.

Une fois de plus, lui et Paulin se disputeraient. Je me rangeais alors derrière mon compagnon. On avait marre de son comportement. Mon compagnon et son cousin se décidèrent d'aller passer la nuit chez son camarade de l'auditoire qui vivait aux en l'entour. Si la vie de tous les locateurs était pareil, je ne me fatiguerais d'exaucer le seigneur Dieu d'Israël de leur accorder ce qui les revient. Le matin, ces derniers arrivèrent à la maison, on se glissa un bon bonjour. Après la défense de son familier, notre ami retourna au pays. Avant son départ, nous le présentâmes nos désolations à l'égard de la situation d'hier soir. Il semblait comprendre la situation et nous affirmait que ce n'était de notre faute et finalement il nous encourageait et nous invitait de tenir le coup.

Quelques jours plus tard, mon compagnon voulait qu'on puisse se débarrasser de ce monstre qui n'avait aucune vertu de générosité. Il avait peut-être raison mais je n'étais prêt à céder une somme de deux mois de loyer à une personne inconsciente. Il faudrait d'abord aboutir au terme de notre contrat avant de partir. Mon compagnon, voulait à tout prix s'écarter de son adversaire. Et la fin de cette semaine, mon compagnon avait déménagé. J'étais resté seul dans un droit inapproprié et devais faire face à une vie de solitude. Devant à une telle situation, je pensais au dernier sourire de ma mère, au conseil de mon père et l'harmonie familiale mais tout cela n'avait plus d'importance. Je devrais débuter une nouvelle vie loin de tous ceux qui m'étaient très chers.

J'avais compris que la réussite n'était qu'un sacrifice et qu'elle ne s'offrait pas comme un gâteau. Nous étions en plein mois de juin quand nous nous étions séparés avec mon coéquipier. Malgré notre séparation, nous gardions de bonnes relations et chacun se souciait de l'autre. Parfois on se rendait visite et d'autres fois on s'appelait sur téléphone.

Pour moi, Paulin était comme un frère. Ensemble nous avions lutté et appris ce qu'était la vie à l'étranger. Mes habitudes restaient les même, je devrais me réveiller très tôt pour mes travaux ménagers avant de se rendre au cours. Travailler le matin, ce n'était un défi pour moi. Je m'en avais déjà habitué dès chez moi.

Les défis semblaient énormes mais le courage restait la seule arme d'en faire face. L'une des bêtes noirs c'était la langue des autochtones. Le kirundi. Il était incontournable, que ça soit au marché, dans la rue ou dans un transport en commun, le kirundi paraissait une langue par excellence.

Il n'était pas facile d'estimer une intégration possible dans une communauté quelconque sans la maitrise de la langue de celle-ci. La langue, une clé culturelle et chaque peuple en avait une. Au marché déjà, on allait se socialiser à notre première leçon linguistique. Ce n'était pas facile mais avec le temps, on n'y avait tiré un surplus.

Par manque d'interprète, parfois on nous taxait au prix de notre ignorance. On dirait que le marché était segmenté et qu'il y avait un prix pour les nationaux et celui des étrangers.

- Bonjour, cet article vous le vendez à combien ?
- Uri mkongomani. (Êtes-vous congolais) répliqua la jeune marchande
- Je ne comprends rien. Me plaignais-je
- Ah ! c'est dommage, vous devez apprendre le Kirundi. Après une longue discussion, celle-ci m'accorda son article à un prix qu'il jugeait exorbitant.
- Abakongomani, mura fitse amahera menshi. S'exclamait-elle

C'était pour dire que les congolais avaient beaucoup d'argent. Une conception qui me paraissait improuvable. La source de cette hypothèse émanait de l'usage des dollars américains par les étudiants congolais. Une chose qui paraissait énorme aux yeux de nos voisins et suffisante pour s'en affirmer. C'est simple, l'usage des dollars était réservé aux grands commerçants et aux hommes d'affaire, les autres se contentaient de la monnaie locale.

On y était pour rien. C'était l'ironie de l'histoire et nous devrions l'accepter telle que. C'est après mes achats que j'ai été notifié que l'article en question m'était vendu trois fois plus cher que le prix normal. Au Burundi comme au grand Congo, la prudence était irréfutable. Nous devrions donc nous servir des erreurs des autres pour nous corriger. La société burundaise avait ses normes et ses valeurs et qui étaient quelques fois en revanche avec les nôtres. Je croyais que c'était la cause principale de notre divergence. Nous autres (Congolais), à la cité qu'à la faculté, nous étions bavards et ouvert d'esprit. On réfléchissait à haute voix ce qui n'était pas du tout le cas pour nos voisins. Ils étaient trop calmes et fermes, difficile à deviner ce qu'ils pensaient. C'est tout à fait naturel, l'Afrique est grande et sa puissance est faite de sa diversité culturelle.

Et pourtant son calme et sa fermeté, l'homme burundais nous avait beaucoup motivé et enseigné de par son caractère. Au Burundi, nous devrions apprendre à veiller sur nos mots et tons. Ne dit-on pas que c'est la bouche qui fait punir les fasses ? L'ijambo (la parole) était sacrée et il fallait en prendre soin. Il était sage de garder son silence que de parler tout ce que l'on pensait sans une cause noble. Malgré nos peines et nos divergences, certains d'entre eux nous étaient généreux et accueillants. D'autres nous taxaient aux prix des erreurs qu'ont commis nos prédécesseurs. Ils n'hésitaient pas dire que les étudiants congolais étaient pareils et qu'ils ne méritaient pas confiance.

Ça ne m'étonnait pas, l'histoire de nos prédécesseurs suffisait mieux pour justifier une telle perception et ses traces étaient encore visibles et gravés dans les mémoires des certaines familles burundaises. Une histoire qui avait brisé des cœurs et séparait des familles et foyer. Une histoire amertume qui ne laissait personne indifférente et nous, on en payait les peaux cassées.

On nous collait une casquette de bourrés, des chasseurs des filles, mythomane pour ne pas employer l'adjectif d'usage « escrocs », bref ils nous prenaient des petits filous. Nous devrions honorer la nation et réécrire une nouvelle histoire à l'honneur de la future génération. Ça prendrait du temps. Du temps oui, mais pour une cause plus noble qu'avant.

Pour la première fois, j'avais pris conscience de ce que j'étais. Conscience de mon groupe d'appartenance. Avant le Burundi, je n'imaginais pas que j'étais congolais. Je m'imaginais juste que j'étais un africain et c'est après que j'avais su qu'on ne pourrait être mieux que chez soi mais cette nostalgie constituait le propre de cette aventure. Pas loin que le mois dernier, on discutait avec une collègue.

- Destin vous savez quoi, j'aime le congolais mais de fois ils sont drôles. Ils sont toujours actifs ! vous comprenez ce que je veux dire ?
- J'essaie de m'y situer mais franchement je n'y pige rien.

- Vous voulez me dire que vous ne connaissez pas vos compatriotes ?
- Moi-même je suis un congolais. Qu'avez-vous eu avec ?
- Je ne saurai pas vous dire plus mais comprenez que j'ai tant appris d'eux mais toutefois, parmi les congolais il y en a qui nécessitent la confiance comme vous ! Je m'interrogeais sur son pourquoi de vouloir me caresser au sens de poils mais j'ai fini par comprendre que la confiance se méritait. Elle m'avait dit que ses trois grandes sœurs furent engrossées par des étudiants congolais. Une histoire qui avait chamboulé toute la famille. Depuis ce moment-là, sa famille n'allait plus accueillir des congolais dans leur parcelle.
- Mes sœurs aimaient ces mecs. Ils sortaient ensemble tous les weekends jusqu'au petit matin. Moi je pensais qu'ils étaient sérieux dans leurs relations. Me disait ma collègue.
- Je vois et je comprends votre peine. Toutefois, je compatis avec vous. Et qu'en est-il de la suite ?
  Répliquais-je
- Aucune suite favorable, vos compatriotes ont pris la fuite au Congo. Me disait-elle avec un air de désolation.
- Comme c'est malheureux !

C'était presque la même histoire qui se répétait. Tout le monde se plaignait de la même façon et tous avaient un ennemi commun « l'étudiant congolais ». Une catégorie d'individus qui désormais, représentait toute une nation. Et finalement ce n'était plus l'étudiant congolais mais le congolais tout court. Je ne doutais pas que derrière chaque accusation recélait une autre facette qui pourrait peut-être justifier la position du présumé coupable « l'étudiant congolais ».

- Vous saviez, un jour j'avais accompagné mes trois sœurs pour leur rendez-vous ! ce qui était captivant c'est la façon dont vous vous amusez. On dirait c'était le dernier jour de la vie sur terre.
  Disait ma collègue.

- Et vous, qu'avez-vous eu comme désir ?
- Pour être honnête, j'enviais avoir un petit copain congolais.
- Et vous pensez que ça valait le coup d'en avoir ?
- Mais oui ! avec vous tout est assuré surtout les différends lucratifs. Ce jour-là, ils nous disaient de boire et manger car l'argent n'était rien pour eux.

J'avais l'impression de croire que les victimes de cette histoire avaient leur part de responsabilité dans cette affaire. Elles étaient matérialistes et elles avaient une dette morale à rembourser auprès des leurs bailleurs de fond « l'étudiant congolais ». Souvent quand on quémande, la vie ne nous laisse pas le choix. L'ironie de l'histoire semblerait que l'étudiant congolais serait au centre de tous les maux mais quand j'analysais mon quotidien et mes fréquentations, je me rendais compte que les fautes comme les douleurs étaient partagées de part et d'autres. Comme l'histoire de la chasse avait toujours glorifié le chasseur, il était inconcevable d'en changer et d'en dire plus. Qu'en ont-ils fait de grave ? Ces derniers étaient considérés comme des petits princes charmants mais coureurs des jeunettes. Ils étaient intelligents mais négligeant, ils aimaient l'ambiance et savaient jouir et profiter de la vie, ils n'avaient qu'une devise : « mangeons, buvons, profitons de nos parents demain nous mourons ! » et comme cela ne suffisait pas, certains d'entre eux ont pu avoir 'enfants avec nos voisines burundaises mais une chose déplorable est que ces derniers avaient tissé leurs montures. Il était alors difficile si pas impossible pour eux de finir leur cursus académique.

Et qu'en était-il de nos voisines engrossées ? Avaient-elles mises au monde ou avortées ? Si avaient-elles donné naissance qu'en était-il du sort de leurs enfants après la fuite de leurs pères biologiques ? Je n'en savais rien et je n'en étais pour rien. Le jugement n'émanait pas de ma personne. Le seul problème en était que, nous autres étions victime de cette réalité tragique tant que nous n'y avions pas participé.

Est-ce qu'on pourrait alors affirmer cette pensée de nos compatriotes qui soulignait qu'au Burundi on n'étudiait pas ? Cette hypothèse provenait de l'incompétence du savoir-faire qu'éprouver nos prédécesseurs une fois au marché du travail. Vu cela, tous avions été victimes de leur comportement mais il me fallait avouer que cette bataille ne datait pas de notre temps.

On en avait déjà fait face au pays. Tout débutait en famille, qui n'hésitait de penser qu'une fois chez nos voisin « Burundi

» on risquerait de se désorienter. A ce qui concernait la perception de no la société, faire le Burundi était exposé l'enfant à l'alcoolisme, le banditisme, le vagabondage sexuel, ... mais en réalité ce n'était pas ça et si ça allait être ainsi l'exception n'allait pas manquer. Quand on réagissait de la sorte, une question nous était adressée :

- Et qui sera donc l'exception ? On ne sait pas mais peut-être tout le monde disait ainsi avant d'y partir. S'inquiétait notre entourage.

D'une part, ils auraient raison de le dire car beaucoup de familles se plaignaient au sujet de la scolarisation des leurs enfants à l'étranger. Ma famille n'allait pas faire l'exception et pourtant la confiance qu'elle m'accordait.

D'une autre part, cette hypothèse n'avait pas droit d'être généralisée. Hélas que notre société avait sa façon de voir et de juger les choses. De mon côté, je voulais tenter l'aventure et découvrir ce qui se cachait derrière cette histoire. C'était vrai ce que nous racontaient nos amis qui nous avaient précédé. Cette histoire était sacrée et irréprochable. Elle était inimaginable. Cette vie-là, n'était pas légère. On devrait mener une vie sous un autre rythme différent de celui qui nous était habituée. C'est tout à fait naturel, on était loin des parents, loin de famille, loin des amis et des tous ceux qui nous étaient chers et attachés. Et s'il fallait envisager la liberté, elle nous était déjà accordée jusqu'à se transformer en libertinage. C'était à nous de tout régler selon nos goûts. Ah ! Ce n'était pas facile mais on tenait le coup.

Pour les uns, il faudrait revoir la manière de faire. Revoir nos désirs et nos choix surtout quand il s'agissait de l'amour. Les anciens nous disait d'essayer avec les congolaises et qu'avec elles ça serait facile de s'entendre et s'épauler en cas de peine. C'était peut-être réfléchi mais pas une stratégie efficace.

- Nous avons vécu assez avec nos voisines. La majorité bouge avec nous à raison de notre flic, se lamentait un ancien dit le Doyen.
- Ah ah ! et qu'est-ce qu'il nous faut ? d'après tout elles sont très belles. J'ai abordé une la fois dernière et nous nous sommes fixés un rendez-vous pour la semaine prochaine. Répliqua un camarade.

Il était tout joyeux d'avoir trouvé une compagne mais son ami ne partageait pas la même pensée que lui. Et soudain, celui-ci se voyait dans l'obligation de nous parler de ce qui était arrivé à son ami. Il nous disait que c'était l'année passée quand lui et son collègue Erick faisaient le terminal. Erick, était tombé amoureux d'une fille qui avait fini par l'escroquer.

- Et comment c'était passé la scène ? il avait déjà épousé ? Ah ! monsieur le doyen dites-nous plus. L'histoire semblait amusante à l'égard de mon compagnon mais le prénommé

Doyen, n'avait pas un air amusant. Il avait comme impression qu'il avait à faire à un novice qui n'allait comprendre qu'à travers son propre expérience.

- Je vous ai dit d'être prudent. Nous sommes bourrés d'expériences et nous savons distinguer le bien au mal. Le choix vous revient mon compatriote. J'ai tout dit.

L'homme parti et nous laissa seuls sans rien ajouter. Les yeux de mon compagnon restaient braquer sur moi, il pensait que je maitrisais mieux cette histoire et le pourquoi du conseil du présumé Doyen. On l'appelait ainsi parce qu'il était ancien. On estimait qu'il avait assez d'expérience sur milieu et pourrait nous octroyer un conseil.

- Destin, êtes-vous d'accord avec les propos du doyen ? ah, moi non. D'ailleurs je ne le trouve pas sérieux ! s'exclama mon compagnon.

Je ne savais pas quoi répondre mais la seule chose à laquelle je tenais, c'était les devoirs avant les désirs. Les restes devraient nous attendre. Et l'Erick que nous parlait le doyen, n'est-ce pas moi qui l'avais logé chez moi endéans deux semaines quand il était en conflit avec sa copine ? Il était poursuivi avec quelqu'un qui se disait être 'Mbonera kure' (agent de renseignement) pour l'avoir croisé avec sa copine qu'il prétendait ne pas atteindre l'âge de la majorité. Encore une fois de plus, ce n'était pas Erick qui était coupable mais l'étudiant congolais. L'histoire reprenait sa routine mais cette fois-ci c'était un coup monté de toute pièce entre la fille et le monsieur qui jouer à la police. On exigeait à celui-ci de payer 950 000fbu pour il ne soit accusé à de la violence aux mineurs. Violence, une infraction à laquelle l'accusé n'a jamais sortie non coupable. Toutes les deux parties n'ignoraient pas cette réalité. Si pour Erick c'était une journée maudite, pour sa copine, c'était une bonne occasion de se faire de fortune.

Erick était comparable à un mari car ils avaient déjà tout fait et il devrait le payer à tout prix. Celui-ci prenait alors refuge chez-moi. Je n'avais pas à faire, je n'allais pas non plus le livrer ni le lâcher à son sors. Peu importe sa faute, il demeurait un compatriote.

- Je n'y étais pour rien par ailleurs c'est la fille qui m'a appelé. Elle me disait qu'elle était chez-moi et qu'elle voulait me voir parce que ça faisait un bail. Se plaignait Erick
- Et voulez-vous me dire que toutes ces accusations sont fausses ?
- Ce qui est réel que j'avais déjà fait l'amour avec elle deux fois de reprise mais ce qui ne m'a pas plu, c'est sa façon d'affirmer que c'était plus de cinq fois et encore par force.

Erick avait un air malheur. Il faisait face à un moment pénible et dangereux. Il n'avait personne pour le tirer de son trou. Je comprenais alors pourquoi les anciens préféraient sortir avec nos compatriotes congolaises. Que ça soit nos sœurs ou nos voisines, toutes avaient leur propre folie qui les distinguait des unes des autres.

L'histoire restait la même mais ces sont les actrices qui changeaient. Ceux qui s'engageaient à nos voisines, c'était l'argent qui coordonnait tout comme pour dire qu'il n'y aurait pas d'amour possible sans argent. De l'autre côté, c'était le début d'une nouvelle forme de la vie estudiantine et celle de l'essai conjugale. Entre étudiant, on allait essayer la vie de concubinage. Inutile de gaspiller l'argent pour le loyer et on est en couple. La solution était simple, soit c'était la fille qui allait chez le garçon ou soit le garçon qui faisait l'inverse.

Pour les nouveaux, l'histoire n'était qu'un mythe mais plus les temps passaient, plus ils s'adaptaient à la réalité du milieu. Les autres finissaient par emboiter les pas à leurs prédécesseurs. De fois c'est ça, quand on ne sait pas s'imposer, on s'incline.

Cette vie-là, était une école de la vie où chacun de nous découvrait ce qu'il était et ce qu'il valait. Il nous initiait à la solitude et à la vie d'équipe à la fois. De fois, il fallait être seul pour bien réfléchir et d'autres fois, être au milieu des amis pour évacuer le stress. C'était ça notre vie et personne n'allait s'en surpasser. Chaque jour suffisait mieux pour plumer une nouvelle histoire. Tout ce que l'on avait, c'était ce courage d'affronter nos peines et celui de surmonter nos limites. Et petite à petit, l'histoire changeait d'ampleur.

Je ne voulais plus m'imaginer combien ce mot était choquant. Nous étions culpabilisés sans que nous puissions nous reprocher de rien. Abakongomani barashusha, nous disaient-ils. A ce moment-là, l'étudiant congolais était caractérisé d'un état d'âme actif. Toujours en mouvement et sans peur de risque.

Bujumbura, une ville qui désormais, représentait un champ de quête d'argent et des belles femmes de l'Afrique de l'est. Une chose que j'ignorais auparavant, ce n'était que la fois dernière que j'attendais un compatriote dire à une fille qu'il était à la chasse d'argent et des belles filles de la cité. Pour lui, la seule véritable manière d'attirer l'attention de nos voisines, c'était s'assuré que sa poche est en bonne santé. Encore une fois ces sont les parents qui devraient en subir, la source de financement d'une telle finalité les était destinée. Le calcul était simple, il suffisait d'assimiler ses besoins égoïstes aux frais académiques ou encore moins dire qu'on était malade et l'argent jaillissait comme l'eau de la roche. Pour la majorité, le moyen ne devrait pas compter ce qui serait d'importance capitale ça serait la finalité surtout quand on savait que l'on visait. Et d'ailleurs, il semblerait que nos parents faisaient de même à leurs parents même quand ils ne pouvaient pas nous le dire. En Afrique, chaque parent était excellent à l'école et n'avait qu'un parcours judicieux. Rares étaient ces parents qui disaient la vérité sur leurs parcours.

Quant à nous, l'amour était devenu une maladie qui nous exigeait de payer plus que ce que nous récoltions. Une marchandise payable au prix du sacrifice malveillant, ce n'était plus l'affection qui était au centre mais l'intérêt que chacun prétendait de l'autre. Quand le garçon visait le sexe, la fille de son côté visait l'argent et d'autres faveurs qu'elle aurait de son partenaire. Une réalité qui poussait peut-être le Doyen à nous dire qu'il était bon et honoré de sortir avec nos compatriotes qu'envisager l'amour avec nos voisines.

- Bamwasi ya mboka baza kitoko masta pas besoin de chercher à ailleurs !

Je ne semblais pas partagé cette position. Ma raison était simple, l'amour mixte serait aussi une façon de se comprendre et s'accepter mutuellement et pourtant nos divergences culturelles.

Sa perception ne résolvait pas toujours le problème mais engendrait plutôt une nouvelle forme de différend que faisait face la majorité de nos compatriotes. Les uns paraissaient adopter cette opinion par peur de ne pas être blessés ou pris pour des petits cons qui couraient derrière des filles qui n'avaient rien avoir avec leurs sentiments. Au premier coup d'œil, ça reflétait quelque chose du sérieux et de l'ambitieux mais au fur du temps, la relation prenait une autre ampleur.

Le concubinage devenait le point de repère de cette relation inter étudiant congolais au Burundi. Les valeurs de la culture africaine et le tabou n'avaient plus de sens aux yeux des amants. Tous leurs étaient permis pourvu que ça tourne à leur faveur et satisfait leur plaisir. L'histoire était ainsi et on ne pouvait rien changer. Nous autres, on se contentait de prendre un stylo en mains et décrire avec émotion et passion cette histoire qui aurait servi de guide à des générations futures.

La situation était telle que. A ce moment-là, nous connaissions de doute et d'angoisse de baratiner une fille de notre pays d'accueil même quand on ressentait de vrais sentiments envers la personne. C'était justifiable non, on disait que tous les étudiants congolais étaient pareil et même si on devrait échapper à cette affirmation abusive, on ne constituerait que la minorité. On disait qu'ils ne méritaient pas confiance sauf dans le cas particulier : quand il s'agissait de résoudre un différend lucratif, il faudrait bel et bien traiter avec eux car ils étaient inondés de flics.

- Ecoutez-moi bien man, je vous parle de mon expérience et non des on dit. Je m'avais un jour engagé avec l'un de vos compatriotes autrement dit, je connais comment est-ce que vous fonctionner.

Comme si sortir avec un congolais était luxueux mais peineux. Elle ne mâchait pas ses mots à mon égard elle voulait me prouver combien elle connaissait de très près et profond mes compatriotes.

- Franchement vous êtes trop romantiques et fliqués mais très infidèles.

Ses dires mes faisaient penser à un ami juriste qui me disait toujours que la question de fidélité n'était conventionnelle et non subjective. Une personne pourrait se décider d'être fidèle à ses deux maitres ou principes tant que l'autre se verrait d'en être pour un seul maître ou l'un de ses principes. Je ne voulais pas répliquer car elle l'avait un air malheur au moment qu'elle me racontait cette expérience.

- Au départ on s'aimait bien et au moment où il dépensait tout pour nos loisirs du weekend, ça m'arrivait de l'épauler. Je l'apportais de la nourriture en provenance de chez nous. C'était de la vraie merde ! m'expliquait-elle en souriant.

Elle me disait que cette expérience fut le moment le plus fort et précieux de sa vie. Depuis son adolescence, elle entendait parler des étudiants zaïrois et elle rêvait un jour d'être en couple avec. Un rêve qu'elle a su réaliser et une devanture qu'elle ne regrettait pas d'avoir connu.

- Il était souriant et gentil. Il adorait la musique congolaise, de lui j'ai appris à aimer et danser la rumba. C'était normal non, chaque weekend nous devrions sortir pour une soirée ! toutefois, il craignait ses parents. A tout moment qu'il était avisé de la visité de ces derniers, il m'interdisait de passer chez lui pendant quelques jours.

Ça ne m'étonnait pas, ça faisait partie de cette vie. Ce que l'on vivait était différent de ce que l'on reflétait à l'égard de nos parents mais la combinaison de ces deux styles de vie engendrait l'homme que nous étions. Ça paraissait injuste mais nous n'avions pas le choix. Il fallait donc envisager les deux styles pour gagner la confiance des parents et de la société dans laquelle nous vivions.

Je n'oublierai jamais cet après-midi quand un ami venait m'annoncer la visite de ses parents qui était fixée pour le vendre qui suivait la fête de Noël. Il était complétement bouleversé. Il n'avait pas un air calme. Une telle nouvelle ne l'arrangeait pas, il ne souhaitait pas que ses parents lui rendent visite surtout qu'il devrait d'abord déménager ou prendre refuge chez un ami qui ne vivait pas dans l'abondance pour que cette visite soit envisageable. Il n'était pas le seul à être stressé de la visite de ses parents. Celle-ci semblait nous déshabiller en public et ce pourquoi on faisait tout pour s'en écarter.

- Mon cher que dois-je faire ?
- Voulez- vous dire ?
- Je vous ai dit que mes parents arrivent le vendredi prochain et vous le saviez bien que, je me suis servi des frais académiques pour satisfaire les besoins de ma copine. Ben ! je ne sais quoi faire. Si papa le sait, franchement je serai mort. S'inquiétait mon compagnon.
- Mais Erick, vous êtes un grand homme déjà. La preuve est que vous savez distinguer le bien au moment, pourquoi n'est pas assumé vos actes ?
- Arrêt vos conneries ! vous vous moquez de moi ou quoi ? Comment dire aux parents que je me suis servi des frais académiques pour des fins intitules et immoraux ? se plaignait Erick.

Je comprenais alors cet adage qui disait que l'enfant ne regrette qu'après avoir cassé la calebasse. Mais, peu importe la peine et les erreurs de mon compagnon, la visite des parents demeurait un moment précieux à chacun de nous. Ce moment, qui nous faisait revivre la chaleur et l'harmonie familiale. Pour moi, une pareille occasion était à prendre avec deux mains. Ma solitude suffisait mieux pour le témoigner. Je venais de passer deux bonnes années loin de ma famille, loin du sourire ardent de ma mère, loin de cette voix amicale et autoritaire de mon père qui me disait sans fatigue qu'un jour je serai un homme, très loin encore de celle de mes deux dernières sœurs Françoise et Adrianne et enfin loin de celle de mon petit frère Hubert qui pleurnichait chaque matin aux heures de cours. C’est l’ironie de l’histoire et nous n’y étions pour rien.

La société nous imposait le jeu. L’étiquette qui nous était donnée était lourde et indésirable. D’autres fois, il fallait même nier ses propres sentiments pour sauver son honneur et celui de son pays. On me disait déjà qu’ont représentaient toute une nation en commençant par nos familles respectives et qu’on n’avait pas droit à l’erreur. Il nous fallait tout faire et tout donner jusqu’à aller au-delà de nos limites pour y arriver même quand on connaissait que cette trajectoire était longue et incertaine.

Ça se passait pareil au sujet de sentiment charnel. Il nous arrivait de tenter notre chance et exprimer ce qu’enfermer nos cœurs même quand on savait ce qui nous était réservé comme sort. On avait assez à dire, nos cœurs étaient inondés de tant des choses mais nos mots étaient vides pour exhiber ce que nous ressentions. Il arrivait que ça marche et que la cible soit tout à fait d’accord avec vous mais sous une seule condition.

- Je comprends et je te garantis un amour véritable mais sous une seule condition : ‘‘ ne pas venir chez moi !’’
- Et pourquoi, tu n’es pas fière de moi ?
- Ce n’est pas une question d’estime encore moins de fierté. Bref, on n’aime pas les Congolais dans ma famille. Vous devez aussi me faire promesse d’être digne de confiance !

Elle ne pouvait que s’en douter. Le passé ne passe jamais même quand les hommes font semblant de tout remettre aux oubliettes et ses conséquences pesaient encore sur nous autres. Chaque parent servait d'une boussole à ses enfants et aucun d'entre eux ne pouvait souhaiter voir son enfant s'orienter dans un chemin maladroit et lui laisser faire sinon la parenté n'aurait point d'impact positif sur l'éducation des enfants. Pour les enfants, les parents seraient une motivation et modèle à suivre car tout ce qui vient d'eux serait jugé bon et important. De lors, nous devrions embrasser la solitude et accepter de vivre avec à tout moment qu'il nous était possible de le faire. Ça faisait partie de cette vie et ça nous aider à développer une autre manière de voir le monde et les hommes.

L'Académie

5

Tout passait à la vitesse du vent, c'est à ce moment que j'ai pris conscience que le noir que je fuyais se trouvait en moi et vivait avec moi. La peur, la honte, la conscience et l'angoisse tous faisaient partie de ce moment pénible. Ça déchiraient mon cœur à mille morceaux mais cela n'avait plus d'importance devant un cœur déçu et coupable.

Je me rappelais toujours de cet appel téléphonique de ce mercredi soir, c'était la voix d'une jeune fille. Sa voix m'était inconnue, c'est par après que j'avais su qu'il s'agissait d'Emeline. Une jeune burundaise que je venais en peine de faire connaissance dans une formation que je pilotais. Ça me rappelait la semaine passée quand j'étais tombé sur sa demande d'amitié sur Facebook. On s'était même changé de numéros et par après m'a-t-elle promis de me rendre visite et me faire un coup de mains à quelques travaux ménagers. Travaux ménagers ? Que signifiait cette histoire ? Elle doutait que je faisais seul ma cuisine et le reste des tâches à domiciles. Tout me paraissait naturel vue que la majorité de jeunes étudiants de mon âge avaient des domestiques.

Je ne voulais pas être comme tout le monde car mon père ne cessait de me répéter que j'étais différent des autres et qu'il ne fallait jamais se contenter de toujours agir comme les autres sinon l'existence n'aurait plus d'importance. Tous nous serions uniformes et nous ferions les choses de la même manière. Mon père avait tout à fait raison et je ne voulais pas lui contredire dans une telle perception. Ainsi, j'ai toujours eu ma façon d'envisager les choses. Les uns me traitaient d'un philosophe au moment où les autres admiraient mon altitude mais pour moi tout cela ne valait pas le coup. Je voulais juste être comme je suis, vivre ma vie comme je l'envisageais. Marchais selon mes principes et faire honneur à mes parents tout en faisant preuve de leur éducation. Une chose qui n'était pas aussi facile comme je le pensais. Mon père, il le savait déjà et il me le prévenait presque tout le temps mais à ce moment-là, il m'était difficile de comprendre par où il voulait en finir. Je jouais à l'hypocrisie et reflétais un air d'avoir tout pigé mais ce n'était pas vrai. Ce soir-là, après cet appel, pour la première fois j'ai pu manquer comment refuser une visite qui m'était proposée au moment inapproprié mais je n'y réfléchissais presque pas et surtout que pour moi celle-ci n'avait pas assez d'importance.

- Rendez-vous ce mercredi après mon examen, me disait-elle.

Comment serait-il aussi facile de deviner la suite d'une telle aventure et l'inétendue qui se recélaient derrière cette visite ? Je n'étais pas magicien encore moi un marabout pour lire l'avenir mais j'avais soif d'en découvrir.

Je m'arrêtais un moment et je pensais à ma mère, pas aussi loin que le mois passé, elle me rappelait la notion du bon sens et m'invitait de faire preuve de responsabilité. Pour elle, j'étais la seule porte d'espoir de la réussite de la famille mais pour ça j'allais prendre conscience de certaines réalités vitales.

- L'avenir nous réserve tant de bonnes choses mais il te faut se créer de garde-fous et demeurer optimiste, m'a-t-elle dit.

Cette pensée me revenait de temps en temps et j'essayais de comprendre ce qu'elle voulait me dire. Je n'arrivais pas à déchiffrer ses attentes mais un jour je m'avais dit que cela me prendrait peut-être un temps de méditation et de concentration pour que mon raisonnement marche de pair avec celui de ma mère. Toutefois ce n'est pas de ma faute et surtout que je n'étais pas un psychologue pour savoir ce que pensaient les autres sans qu'ils me le disent. Au moment où je me disais tout ça, j'avais comme impression que ma mère était devant moi et écoutait ma justification mais ce qui restait étonnant et qu'elle souriait et me disait de tenir à la lettre le conseil de mon père. Ça m'avait pris un moment et je me demandais de quel conseil me disait maman.

Ses pensées étaient aussi loin des miennes, elle faisait à liaison à cette citation philosophique sur laquelle insistait mon père.

- Un enfant ne restera pas enfant fiston, un jour vous serez un homme.

Pour la seconde fois je redevenais penseur si pas un philosophe. Un philosophe, c'est le mot qu'il fallait pour décrire mon état d'âme. Je me demandais qui j'étais et comment j'apparaissais aux yeux de mon père. Est-ce que j'avais un air féminin ? Sinon, quel était mon sexe d'après lui si je n'étais pas un homme ? Un jour, je deviendrai un homme ? Quel jour ? Il me faudrait encore combien de temps pour en être ? Tant de questionnement sans réponse mais j'ai fini par comprendre qu'il avait raison et qu'il voulait me dire qu'on ne devient un homme qu'à travers nos expériences. Pour lui, il n'y avait pas d'homme sans expérience.

Et plus les jours passaient, plus je me rendais compte que nos parents avaient toujours eu une longueur d'avance sur nos pensées. Je ne doutais pas de pouvoir traverser des épreuves en multiples formes et qu'à la fin de compte ça me servent d'expériences pour devenir un homme. Ça n'allait pas loin de l'affirmation de mon père.

Les jours passèrent aussi vite et nous voici le mercredi, le jour du rendez-vous. Je ne pensais à rien encore moins à personne sauf à mon professeur de la communication sociale et pour le changement de comportement : l'une de ses phrases aimables me revenait dans l'esprit.

- Toute est communication les amis. La communication c'est un processus qui vise le changement de comportement et ceci est possible, nous disait-il dans l'auditoire.

Je m'imaginais alors devant une demoiselle que je venais en peine de faire connaissance entrain de parloter de tout et de rien. D'après tout c'est de la communication non ? et d'ailleurs ce n'était pas de ma faute et c'était tout à fait naturel. Comment resterais-je aussi muet devant une personne qui me témoignait sa gentillesse jusqu'à gaspiller son transport pour me rendre visite ? Même mes parents et mon entourage ne me conseilleraient pas. Je devrais faire preuve de générosité et de courtoisie.

Une telle pensée fut aussi le début de ma faiblesse. Je présentais une voix qui me répétait sans cesse : « sois gentil avec les gens mais ne cède jamais à tes principes ». Mon cœur battait deux fois plus vite que d'habitude, ma conscience restait tranquille jusqu'au moment où j'avais reçu un SMS de sa part.

- Bonsoir mon cher, je suis déjà à l'endroit dont vous aviez indiqué vous pouvez passer me prendre si cela ne vous dérange pas.

Ça faisait longtemps que je n'avais pas eu ces genres de message en provenance d'une jeune fille.

L'histoire de Faradja m'avait tourmentée la tête et me rongée le cœur. J'avais fini par oublier et s'en passer. Je me rappelais du mois dernier, quand elle avait mis au monde je l'avais glissé mes félicitations. Enfin, j'étais de sors de ma maison (une chambrette sans espace suffisant pour y mettre des chaises en peine une table et une étagère) et me précipitais pour l'orientation de ma visiteuse.

Toute souriante, elle admirait chez moi, elle me disait qu'elle trouvait l'appartement petit mais bon pour une personne. Je ne disais rien, j'observais juste son mouvement et son apparence. Elle prenait mes bracelets sans rien dire et souriait, en suite mes lunette et finalement elle me demandait si elle pouvait enfin me saluer.

J'avais oublié peut-être de la saluer par peur ou par angoisse que j'avais au sujet de sa visite mais non, ça n'a serait pas aussi vrai. Je me rappelais de lui avoir tendu ma main droite.

Je me demandais alors ce qu'elle voulait dire par là mais sans autant me laisser le temps de réfléchir, elle avança vers moi, me serra entre ses mains et céda un petit bisou sur mes lèvres. Pour la première fois, j'ai fait semblant de n'ai rien voir. Il me paraissait réel que devant la femme et l'argent, il n'y avait point de philosophie.

Par la suite, elle me demanda où elle allait s'assoir. Pour moi, une telle question me paraissait banale. Je m'interrogeais si elle n'avait des yeux sur son front pour constater qu'il n'y avait qu'une seule place où on allait s'assoir et qui n'était rien d'autre que sur mon petit lit.

- Je ne sais pas, peut être sur mon lit si ça n'a vous dérange pas, aurais-je répliqué.

Elle hésita un moment et finit par s'y mettre. Un moment donné c'était une discussion juive. Elle ne faisait que rire et de ma part je me disais que s'elle était congolaise, ses parents auraient l'appelé Furaha encore moins Chekanabo. Son sourire me rappelait une jeune voisine qui s'appelait Furaha, elle était toute souriante au grand jamais je ne l'avais pas vu triste. À tout moment, on pourrait dire que tout était rose pour elle. Ce n'était pas aussi vrai, le sourire faisait partie de son caractère. Même quand j'avais déménagé, on pourrait toujours l'entendre de l'autre côté du téléphone toute joyeuse et souriante.

- Yo ! Mon voisin comme tu me manques !

Ça ne pourrait pas m'étonner. Elle était fan de mes musiques préférées. On dirait mon choix son sien étaient identiques. Elle aimait les slows, moi également. Elle était brune, d'une taille filiforme avec des beaux gros yeux mais les plus marquants chez elle furent son caractère accompagné de son joli sourire. Elle m'appelait toujours Destifara et rarement Safari encore moins Destin.

Les heures devenaient comparatives à la vitesse des secondes et soudain, la douceur de la nuit se manifestait dans le regard de ma visiteuse. Elle me regardait sans détourner ses yeux encore moins bouger ses paupières. J'avais comme impression que je racontais des bêtises mais la réalité serait loin d'une telle imagination. Ça m'effrayait, je me sentais mal à l'aise mais je ne voulais pas exhiber ma peur. Montrer sa peur devant une femme, ça serait une faute intolérable à l'égard des ancêtres. J'avais maitrisé ma peur mais je ne pourrais pas aussi ignorer les efforts que ça m'avait coûté en terme de temps pour s'éloigner de ma frustration.

Comme d'habitude, elle souriait puis me demandait si j'allais bien et ma réponse n'était qu'affirmative.

- Oui, tout va bien ! aurais-je répondu

Et puis se poursuivait un silence de morts. J'avais cru qu'elle ne voulait plus parler car que je lui disais que je ne parlais pas Kirundi (la langue burundaise). Elle n'allait pas du tout m'en vouloir pour ça, ce n'était pas de ma faute et en plus je n'avais aucun enseignant à ma disposition pour me l'apprendre. Toutefois, je comprenais ce qu'elle me disait même quand je faisais semblant. Avec ses gros yeux, son regard et son silence, j'avais fini par l'aborder.

- Et si on débutait une nouvelle histoire ensemble. Ne serait-il pas intéressant ?
- Vous voulez dire ?

Je sais pas si elle ne comprenait ce que je voulais dire mais je m'imaginais avoir une nouvelle façon de briser le silence.

- Je veux dire que je t'aime ! ah oui, je t'aime c'est tout.
- Soyez sérieux. Je ne suis pas enfant, comment pouvez-vous si vite m'aimer ? c'est la première fois qu'on se voit et vous voulez me faire comprendre que vous m'aimer. J'espère qu'il serait mieux et sage qu'on reste et demeure ami !

Sa réponse fut sage mais semblait encourager le silence si pas inviter une séparation précoce. La discussion était clause à travers sa réplique. Il me paraissait difficile de me justifier mais celle-ci insistait que je puisse l'expliciter le fondement de mes sentiments. Je ne me voyais pas à la hauteur de le faire. S'il y aurait l'une des choses qui m'étaient très difficile ça serait bel et bien mentir au nom de mes sentiments. Même si j'allais le faire, je n'allais pas y arriver. J'avais déjà prêté serment de n'avoir plus jamais sorti avec une fille avant le terme de mon cursus académique. Une promesse avec laquelle je vivais avec. Car cela ne tienne, je n'étais pas à mesure de l'expliquer mais je ne regrettais pas non plus de l'avoir aussi dit. De nouveau, elle exhiba son petit sourire et me fit signe de voir partir.

Il faisait déjà nuit. De mon côté, je n'avais pas un autre choix que celui de la tenir compagnie. Elle se leva toute souriante, se mis en face de moi sans rien dire. Je sentais alors la lourdeur de cette phrase qui disait que tout était communication et qu'on ne pouvait ne pas communiquer. Rien de philosophie, mon cœur, mon âme, mon cerveau et le reste de tout mon corps semblaient non fonctionnelle et voilà qu'il m'était difficile de faire face à ce regard. D'un coup, j'ai cru qu'elle avait envie de danser et je l'avais prise à travers sa hanche et ses mains sur mon coup. Tout semblait ordinaire mais quand une force métaphysique s'imposait, le corps n'avait qu'à s'incliner et c'est à ce moment que j'avais pu réaliser que je n'étais pas seul et que peut être j'incarnais une autre personne en moi. J'avais tout oublié sauf le moment passer dans les bras de cette jeune demoiselle. J'espérais que ça allait de même à son côté.

Après avoir tout oublier, je retrouvais mes mains sur ses fesses et j'en caressais sans aucun doute et puis j'avais fini par l'embrasser. Et par après j'avais pris conscience de mes actes et pour la première fois, mon cœur saigna de peine. Heureusement que, ça se faisait à l'intérieur mais ça ne trainait pas de se manifester à l'égard de ma visiteuse. Je me culpabilisais déjà car je me voyais me détourne du septième commandement de Dieu. J'avais bon de présenter mes excuses à la jeune demoiselle. Elle n'avait rien répondu et me disait de l'accompagner si cela ne me dérangerait pas. J'avais fait selon son désir mais je n'étais pas aussi en bonne relation avec moi-même. Je me croyais segmenter en plusieurs parties indépendantes. Mon cœur regrettait mon acte indigne, ma conscience me jugeait d'un homme indigne et coupable, mon imaginaire me produisait des images effrayantes et mon corps dans son ensemble ne pourrait qu'en souffrir.

6

Je me rappelais alors de ma mère qui me disait sans équivoque que j'étais la porte de la réussite de toute la famille, à mon père qui me disait qu'un jour je serai un homme et finalement je sentais des larmes coulaient sur les joues. C'était naturel, je pensais à la douleur que pourrait sentir ma maman si elle apprenait une telle situation et de plus profond encore ce que dirait mon père s'il aurait su que je m'étais comporté comme les autres jeunes dont il me disait que j'étais différent d'eux. Je me souvenais alors de ce fameux débat que j'engageais la semaine passée à la faculté avec une collègue.

- Écoutes mon cher, tous les congolais sont pareils !

Elle voulait me dire qu'elles avaient assez vécu avec les étudiants congolais et que l'histoire ne faisait que se répéter. Je me remettais en question.

- Suis-je aussi pareil ?

Je n'hésitais de me répondre mais je commençais à croire que j'étais pareil. J'avais fait comme les autres. J'avais alors vu que j'étais devenu quelqu'un d'autre par rapport à celui que je me pensais être. D'un coup, ça m'arrivait de réfléchir sur un conseil d'une compatriote qui me disait qu'à tout moment où nous nous servions de nos fautes pour s'écarter de la face du seigneur, c'est à ce moment que le diable nous en profite. J'avais vite compris que je me trouvais dans ce cas et que j'avais intérêt à me comprendre qu'à me culpabiliser. Il m'avait fallu en peine un mois avec toutes les blessures intérieures que vous pouviez imaginer et associer à la situation. Et durant ce temps-là, je ne dormais pas. J'avais comme impression que la nuit était aussi longue que la journée et pendant mes nuits je ne pensais qu'aux divers conseils que j'avais eu avant mon départ. Le conseil de ma mère insistant sur le respect de soi et le sens de responsabilité, celui de mon père qui me disait que petit à petit on devient un homme, je ne pouvais pas oublier ceux des amis et des Xavéris qui me disaient sans cessent de veiller sur la huitième loi « le Xavéri est joyeux et rend les autres joyeux » et le dernier c'était celui d'une sœur religieuse que je venais en peine de faire connaissance.

- Destin, usione nyota kule. Il te faut bien étudier, s'exclamait la sœur !

C'était une façon de me rappeler de s'occuper aux utiles et que les études étaient ma priorité. J'avais enfin compris que la route était longue et que je n'avais pas droit de baisser les bras mais se servir de mes erreurs comme leçon. Ça m'avait pris du temps pour écrire cette aventure tout en s'imagina ce que diraient mes parents, mes amis et tout mon entourage une fois que cet ouvrage tombera entre leurs mains, le jugement qu'ils me porteront etc. mais ma bravoure fut aussi forte que leur perception et ma détermination m'exigeait de donner le meilleur et le propre de moi-même qui n'était rien d'autre que ce qui nous fait des hommes « l'expérience, disait mon père ». Et toutefois, ce n'est pas de ma faute dans toutes les façons ça fait partie de mon vécu et je vous dirai plus…

Les jours étaient passés, mon esprit demeurait positif, mon cœur épousait la vertu de l'ardeur, mon cerveau était déterminait même quand il m'arrivait quelque fois de douter de moi-même. Mes yeux restaient grandement ouverts derrières ces lunettes. Je pressentais que le bon temps était proche mais que ça exigeait un peu d'effort. Je m'imaginais dans une guerre sans fin ni messie. Difficile de baisser les bras, chaque jour était une lutte et je devrais m'y mettre et m'y adapter pour survivre et parfois même, dépasser mes efforts et en payer au prix du sacrifice. Souffrir que mourir c'est la devise des hommes dit-on chez nous. Tel fut mon quotidien.

Il m'était difficile de lire l'avenir. J'avais comme tendance de dire que je ne méritais pas ce que je traversais. Hier déjà, c'était Christian qui m'annonçait son départ pour le couvent. Une nouvelle qui ne m'avait pas laissé indifférent. J'avais comme impression que je finirais par rester seul dans ce monde sans ami ni connaissance. Comment aurait-il aussi parti avant ma défense académique ? J'y réfléchissais quelques minutes et je comprenais qu'il n'y était pour rien au contraire, il ne pourrait que se conduire selon le programme de sa congrégation. Christian dit le Chris, un homme intègre et souriant. J'admirais sa bienveillance et sa serviabilité. Je me rappelais alors de ce bon moment passé ensemble et notre passé bâtit sur l'entraide, le sourire, l'amitié et la fraternité. A ce moment-là, tout semblait étrange. J'avais mal à supportait la situation, je ressentais déjà la lourdeur de cette distance qui venait de s'augmenter et j'ai cru que plus le temps passait et plus le destin nous séparait davantage de gens que l'on aimait. Je pensais à Faradja, je pensais à mes parents, je pensais à mes frères et sœurs, je pensais au petit Urbain qui me regardait avec un air innocent, je pensais à la mort du vieux père Biennaux loin de mes yeux et pourtant beaucoup d'honneur et d'estime que j'avais à son égard. Tout ça, je le comparais au choix de Christian de partir au couvent.

- Bonjour grand, vous allez bien je crois. Après une longue réflexion et délibération, j'ai jugé mieux d'aller au couvent. J'y vais très bientôt au courant de ce mois mais ça ne sera pas au pays mais plutôt au Rwanda… je suis malheureux de n'ai pas eu le temps de se revoir ! m'avait écrit

Ce message était fort et je n'avais aucun autre choix que de lui souhaiter une bonne chance et mes félicitations pour son choix. Christian, je le connaissais bien depuis notre jeune âge. Il rêvait devenir prêtre contrairement à moi qui lui disais que je me voyais mieux en costume d'un père de famille. On riait un peu.

- Soyez en un et vous bénirez mon mariage !

Les souvenirs inondaient mon cœur, il m'arrivait de revoir son doux visage et mon cœur débordait de joie. Je souriais mais je comprenais que ce n'était qu'une imagination et que le mental me faisait goûter son petit paradis. Je devrais être plus profond que le tréfonds de moi-même pour comprendre ce que voulait me dire mon père.

- Vous apprendrez assez avec le temps, le monde ne se limite pas au cap de vos désirs fiston.

Avec Christian, nous nous disions toujours qu'il fallait toujours vivre selon ses principes et l'expressions vraie de son cœur. Nous étions convaincus que rien n'était aussi fort et intime que le choix d'une personne. J'avais comme impression que cette pensée demeurait en lui et motivait son esprit. C'est pourquoi il voulait poursuivre son grand rêve de tout le temps. Désormais, pour la seconde fois, il nous faudrait un rendez-vous pour se voir. Depuis ce message, J'avais cru qu'il nous était difficile de se revoir avant cinq ans. Rien ne serait plus en guise de sa volonté. Le couvent avait ses réalités que seuls les prêtres devraient comprendre et supporter surtout qu'il était encore novice.

Malgré la situation, la vie continuait sa course. Plus le moment passait, plus j'essayais à m'adapter à ma nouvelle réalité. Je comprenais alors que la réalisation des certains désirs exigerait le sacrifice de certaines choses qui nous sont très précieuses. Mon cerveau en était déjà programmé.

De fois le monde nous était injuste et ne pensait pas à notre sort. Il ne nous laissait pas l'occasion d'opérer un choix malgré nos capacités et prétentions. Ma vie, devenait une école d'expériences parfois personnelles et d'autres fois collectives. Quel genre d'expérience ? Bujumbura devenait de plus en plus douloureux et les déceptions ne cessaient plus de croiser mon chemin. Pas très loin que la semaine passée, on me parlait du malheur qui avait frappé ma famille, la grossesse de ma petite sœur Christine. Pauvre jeunette, elle n'avait que 15 ans et venait en peine de commencer sa troisième année des humanités (école secondaire) un choc immesurable, une douleur incomparable. Les premières nouvelles m'étaient parvenues de mes collègues Xaveri.

- Cher ami Destin, recevez nos salutations depuis ta ville natale (Bukavu). Les jours évoluent bien mais nous sommes désolés de vous annoncer que votre petite sœur fut engrossée par l'un des nôtres. C'est triste mais essaies de surmonter votre peine. Nous serons heureux de vous entendre en bonne santé !

Un message aussi fort et très tranchant que lame de rasoir. Cette nuit-là, j'avais failli suivre mon grand-père dans sa tombe du fait que ma peine fut immense et je n'avais personne à mes côtés pour me consoler. Christine, toi aussi ? je ne cessais de me plaindre mais le mal était déjà là et s'il s'agissait de pleurer, mon cœur et mes yeux en avaient déjà fait. Pour la première fois, je devrais prendre conscience que je n'étais plus gamin. Je devrais prendre mes responsabilités en mains. C'était tout à fait naturel non ? Bientôt je serai appelé oncle, oui un tonton de mon présumé neveu.

La voix de Christine chatoyait mes oreilles mais son air innocent nécessitait d'être accordé la deuxième chance et d'ailleurs, elle n'était qu'une enfant et adolescente qui aurait bel et bien besoin d'être éduquée et socialisée aux minimum de la vie (la prise de conscience, prise de décision, la responsabilité…). Elle ne serait pas la première ni la dernière à attraper une grosse précoce et indésirable mais cela devrait servir de leçon à ses jeunes sœurs et son entourage. Ça devrait interpeler aux parents leur rôle d'éducateur et veilleurs. Eduquer c'est aussi surveiller à la loupe tous les moindres mouvements et changements de l'enfant. Il ne suffirait pas donc de toujours épouser la tendresse et la douceur mais aussi toner si la circonstance l'exige.

Cette expérience fut la plus douloureuse de ma famille et de moi-même. Une grosse précoce dans une société comme la nôtre, c'est toujours la fille qui en était coupable et comme cela ne suffisait pas ; la même lourdeur de sa faute commise était attribuée à sa famille en commençant par sa mère. Oh ma pauvre mère Françoise, j'imaginais déjà sa douleur et sa peine à l'égard d'un tel différend. Que dirait la société ? Que deviendrait ma sœur ? Et ses études, aurait-elle la chance de continuer avec ? Tant de questions sans réponse mais mon âme demeurait optimiste et croyait à la force de la prédestination. J'étais convaincu que rien ne nous arrivait par hasard mais plutôt sur base d'une cause bien déterminée et planifiée d'avance.

Il me faudrait alors patienter la confirmation de cette information à partir d'un message ou un appel téléphonique de la part de ma famille mais hélas que tout ne se passait pas aussi pareil. Mes parents et mes frères et sœurs tous restaient silencieux. Ils faisaient preuve de la discrétion par peur de me briser et me démoraliser. Ils ne savaient pas que la fameuse nouvelle m'avait déjà parvenue et je me faisais passer d'ignorant pour essayer de revivre la joie perdue.

Et trois semaines plus tard, c'est un nouveau scénario qui s'annonçait : le motif du silence de mort d'une meilleure amie si pas une copine ratée. C'était Furaha, la fille au grand cœur et sourire inexplicable. Ça faisait déjà quelques mois sans se voir, aucun message ni appel. J'avais comme impression que c'était parce que j'avais changé mon numéro de téléphone mais ce n'était pas le cas, la raison fut que la douce charmante était déjà inséminée par son collègue de l'auditoire. Quel mauvais sang qui ne cessait d'emprunter mon sentier ? Qu'avais je fais pour mériter tout ça ?

Christelle, Furaha tous deux constituaient l'objet de ma peine à chaque fois que je pensais à leur sort. F, toi aussi ? toi que croyais connaitre par cœur comme mon patronyme. Pour elle, j'avais toujours des désirs fous et des rêves grandioses que seul mon cœur pourrait comprendre. Je n'hésitais pas d'imaginer l'angoisse de ses parents. Eux qui l'ont envoyé à l'étranger pour étudier et qu'au cap elle devrait revenir avec une grosse sans diplôme. J'avais alors réaliser que l'amertume de ses parents dépasserait l'anxiété de mes miens mais peu importe le niveau ça reste quand-même la douleur et une situation indésirable vis-à-vis de celle qu'on chérit.

Mon adaimonie demeurait plus grande au sujet de son avenir et mon affliction augmentait le jour après jour mais je n'y étais pour rien et pourtant le sentiment que je ressentais pour elle. Ne dit-on pas que l'homme propose mais Dieu dispose ? Qui étais-je donc pour m'opposer à la volonté de Dieu ?

Mon pauvre cœur, l'amour était devenu synonyme de la déception et aucun espoir n'allait plus s'observer dans mon regard. Tout était devenu pareil et cette métamorphose faisait désormais partie de ma vie de tous les jours. Bujumbura, si pour les uns, c'était un lieu de loisir pour moi c'était le contraire. Il était sacré et une école de la vie. Cette ville m'avait tant offert plus que ce que l'on nous apprenait à la fac. Une réalité qui me rappelait la phrase de ma pauvre mère.

- Vous ne saurez jamais vivre loin de moi !

Je voudrais que ma mère sache qu'elle n'avait plus droit de s'enquêter. J'avais fini par découvrir qu'est-ce que la vie loin des siens et ses parents. Je n'avais jamais su que le sourire de mon père recélait quelque chose de plus valu que je n'allais pas comprendre à cette époque vu mon âge. Il faudrait donc écouter le conseil des parents malgré nos désirs car en un certain moment de la vie, seuls les parents savent ce qui convient mieux à leurs enfants et ce dont ils ont besoin. Ne serait-il pas juste de n'est pas s'entêté et leurs prêter oreille pour notre bien ? Ces derniers ont toujours une longueur d'avance sur nos besoins et désirs mais de fois l'égoïsme et le sang chaud de la jeunesse ne nous accorde pas le temps d'opérer un choix qu'il faut à la place qu'il faut. C'était par après qu'on se rendait compte que ce que disait ces derniers avait un fondement et c'était bénéfique pour nous.

Bujumbura, il était devenu une bête noire qui ne cessait pas de me surprendre à tout le moment qu'il le semblait possible de le faire. Etudier, j'étudiais avec courage et déterminisme mais j'en payais en terme de mes relations les plus précieuses. Faradja s'était mariée, Biennaux était mort sans que je ne participe à son enterrement, Christian était parti au couvent, ma sœur et Furaha étaient engrossées et je me demandais qu'est-ce qui me restait de plus précieux dans ce monde des vivants couverts des surprises. Mes interrogations étaient énormes jusqu'à me demandais le pourquoi des épreuves que je traversais. Petit à petit, je comprenais que c'était ma seule façon d'acquérir la maturité et d'estimer d'être un présumé parent responsable et bourré d'expérience pour éduquer et conseiller ses enfants.

Ces enfants ? Comment prétendre avoir des enfants tout s'écartant de l'amour ? entre moi et l'amour, c'était le jour et la nuit. Je ne voulais plus des jeunes filles car toutes mes relations finissaient par me déchirer le cœur en mille morceaux. La déception amoureuse, ce n'était pas seulement un simple problème des jeunes célibataires mais de l'humanité toute entière. Combien de fois avions-nous vu des mariages qui finissaient par le divorce suite au manque de confiance ou tolérance. Le divorce n'était plus le propre des occidentaux, la réalité de la mondialisation nous imposait le rendez-vous du donné et du recevoir. Le monde était transformé en une petite sphère d'où l'échange des informations et des cultures devenaient une condition irréfutable. De nos jours, il nous serait difficile de nuancer un jeune africain à un jeun occidental à partir d'un simple regard. Le multiculturalisme constituait le miroir du monde.

Il est certes que j'envisageais une femme pour le restant de mes jours mais à tout moment que je me lançais dans ce jeu d'hasard, c'était la même histoire qui se répétait. Cela n'avait pas d'importance devant un cœur animé d'un désir fou et d'un amour véritable. Malgré que parfois j'étais exaspéré de mes expériences ressentes, seul le raid serait mon unique refuge.

Je me rappelais alors de ma dernière visite chez une fille. C'était Furaha, comme son nom l'indique en français « la joie » une joie que j'estimais trouver chez elle pour le reste de mon parcours académique et que si le temps tournait à notre faveur, on envisagerait planifier ensemble l'avenir mais hélas que le destin prévoyait autrement et en revanche de mon souhait. Ce jour-là, elle était toute belle et couverte d'un sourire merveilleux comme son habitude. Juste au seuil de son appart, elle semblait me dire que ça faisait longtemps et qu'elle pensait me rendre visite dans les jours avenirs après ses examens. Ça ne valait pas la peine à mon égard. Tout ce que je voulais d'elle, c'était l'amour vrai, la compréhension et la vérité. Pour la première fois, je pouvais lire dans ses yeux qu'elle me cachait quelque chose malgré son innocente apparence. Et si toutes les femmes seraient elles uniformes que deviendrait ma vie dans les jours qui viennent ? Et si j'aurai la chance de trouver la meilleure qu'elle, quelle sera son regard vis-à-vis de ce parcours ?

La vie était belle et le présent nous était précieux mais il nous cachait toujours un surplus. S'il y aurait un moyen de deviner ce que renferme l'avenir, ma préoccupation se centrerait sur le nom et l'image de cette reine qui deviendrait plus tard la mère de mes enfants et le pourquoi de son silence et pourtant ma peine. J'étais convaincu qu'elle était là, qu'elle jouait au cache-cache au moment où mon pauvre cœur hâtait de la découvrir et admirer son doux visage. Le temps semblait tout coordonner, il nous distribuait les as sans tenir compte de notre sort mais quoi qu'il arrive, je ne doutais pas qu'un jour je pouvais finir par tirer l'as des as et oublier la douleur du vieux temps.

Cette peine faisait le propre de cette histoire et je ne pouvais pas m'en écarter encore moins la nuer mais plutôt, s'en servir de motivation dans tout ce que je faisais et envisageais dans le but d'améliorer mon contexte. De fois il nous faut apprendre d'accepter nos peines et de s'en servir de motivation pour faire mieux qu'avant. C'était dure au début mais avec le temps je finissais par comprendre que j'étais l'unique personne à décider de ma vie et l'orienter selon ma perception. D'autrefois il faudrait prendre le dessus sur son destin et envisager sa vie à son goût car d'autres choses exigeraient qu'on le provoque pour que ça nous arrive.

Ma douleur fut énorme et ma vie semblait perdre son sens. Mes jours étaient comparables à mes nuits, j'avais comme impression d'avoir perdu de repère. Aucun espoir possible pour prétendre un avenir de mon rêve, tout paraissait tourner à ma défaveur et je n'avais personne à qui me confié. En amour comme à l'académie, tout n'était plus pareil, je me voyais trop minuscule dans mes souliers et isolé dans mon propre monde comme si je devenais refugié dans mon pays. Désormais, je n'allais plus me poser la question sur « ce que j'avais fait pour traverser tout ça » mais plutôt m'interroger sur comment m'y prendre pour m'en sortir du noir dans lequel je me trouvais.

Comment oublier ce moment pénible dont j'ai failli tout laisser tomber dans l'eau par manque de moyen nécessaire pour payer mes frais académiques. Ce temps fut dur avec moi et au départ je ne croyais pas m'y en sortir. Scolariser son enfant à l'étranger n'est pas aussi facile comme on peut l'imaginer. Ça nécessite un sacrifice au quotidien à la famille surtout quand vous venez d'une famille modeste comme c'était mon cas. Entre cette réalité et la situation dans laquelle je me retrouvais, se recélait une volonté ferme de faire face à la vie dans l'espoir d'un lendemain meilleur et cela partout le moyen possible.

Un idéal qui ne cessait d'animer mon parcours et me servir de guide à l'égard de mes désirs. La situation était telle que et je m'y retrouvais au centre. J'avais comme impression que tout se passait aussi vite que, la vie ne me laissait plus l'occasion d'opérer un choix. Il ne me restait que des bons souvenirs du vieux moment, le temps présent semblait me cacher son côté positif. Je me retrouvais seul dans un cosmos sans pitié ni messie. Je devrais me battre pour me garantir les fondamentaux de mes rêves. Il n'y avait personne d'autre qui pourrait le faire à ma place et mon cœur en était convaincu.

Malgré tout, mon esprit était positif et mon cœur gardait une ferme volonté de faire face à cette circonstance amertume. Il m'a alors failli tourner la tête, penser et repenser sur le pourquoi de ma situation et le moyen de m'en tirer. Ma peine était énorme mais je ne voulais pas l'extérioriser. Mon père m'avait toujours dit qu'un homme ne pleure pas en plein jour et si ça arrive qu'il le fait, il ne doit pas pleurer à haute voix. J'en étais sûr car mon père est un homme qui voulait non seulement me voir grandir en âge qu'en sagesse. Il savait que c'était moi qui hériterais son nom et qu'à son absence tout le reste de la famille viendra auprès de moi pour me demander conseil si pas vouloir mon aide. C'est tout à fait normal, ça ne dépendait pas de lui ni de moi, mais de la tradition africaine qui accorde à l'aîné le devoir de coordonner sa famille biologique à l'absence de son père. Ce pourquoi mon père voulait me voir un homme qu'il faut. Un homme positif, ouvert d'esprit et bourré d'expériences. Et Bujumbura valait la peine de me servir d'école digne de la vie.

Je n'avais qu'une seule intention, finir mes études universitaires et par la fin, tenter une bourse d'étude en master enfin de me voir enseigner un jour à l'université. Comment m'imaginer aboutir à une telle finalité dans une situation lucrativement critique ? Je ne pouvais plus m'imaginer loin de mes expériences du passé vécues avec certains camarades qui furent intelligents mais qui n'ont pas pu continuer avec leurs études par manque de moyen. Je n'étais pas loin de cette réalité. Aller à la fac n'était plus une préoccupation majeure pour moi. L'unique préoccupation que j'avais c'était celle de savoir ce que dois-je faire pour finir ma dernière année académique. La semaine dernière qui précédait la passation de mes derniers examens, je me rappelle d'avoir appelé à la maison dans l'optique de leur demander les frais académiques pour m'acquitter de mes obligations académiques.

Le retour au bercail

7

- Hello Maman, ça tient !
- Quelle surprise de te revoir sur téléphone fiston. Ton père et moi s'inquiétions pour toi.

Ma mère ne pouvait que me dire ainsi. Devant elle, Destin n'était qu'un enfant peu importe son âge, il l'aurait toujours besoin de l'assistance directe de ses parents. Peut-être oui mais pas pour toujours. L'enfant ne reste pas enfant et plus il grandi, de plus en plus il prend ses responsabilités en mains et se détache petit à petit de ses parents dans le but de bâtir sa propre vie loin des siens. Malgré sa peine et son inquiétude, je voulais lui rassurer de ma situation sanitaire. Mon père, un homme qui savait deviner mes sentiments avant que je ne les avoue, il me paraissait savoir au préalable le but de mon appel.

- Je veux bien Maman et j'en glorifie le tout puissant
- Passes moi le téléphone, je vais parler avec. Dit mon père. Nous allons bien fiston malgré le mauvais sang qui ne cesse d'embrasser nos chemins mais nous espérons que le bon temps est en cours et que dans les jours avenirs nous pouvons revivre le sourire perdu. Comment avec tes études ? de mon côté je me bats pour te trouver la somme restante. N'oublie jamais le pourquoi de ton départ et rappelle-toi que toute

circonstance nous rapproche de l'essentielle. Ne te fatigues jamais et fais toujours preuve d'endurance car vivre même est une lutte au quotidien.

Ses propos étaient forts et touchants, ça m'interpelaient sur le sens de prendre le devant d'une grande famille comme la nôtre. Mon père, pour lui, je n'avais pas droit d'être vu ni traité d'enfant car le roi n'a jamais été petit devant son peuple. Avec lui, je me sentais fort et grand à la fois. Pour lui, c'est l'expérience qui façonne un homme et qui le rend un.

- Tout va bien Papa et nous sommes presque au terme de l'année mais toutefois merci de l'assurance accordée à ma préoccupation.

Il semblait tout connaitre d'avance même avant que je ne dise un mot. C'est le sens même d'être parent. Il arrive d'assurer son enfant et lui fait rêver le bonheur du paradis sans qu'il soit lui-même assuré. Pour tout enfant, le parent ne peut jamais manquer et il doit toujours répondre favorablement aux besoins de ce dernier. Comme qui dirait qu'un parent n'a pas d'excuse vis-à-vis de sa progéniture.

Nous le savons peut-être déjà, rien n'est plus précieux que l'enfance. L'esprit est calme, la détermination est active et le regard braqué sur l'objectif qu'au départ n'est qu'un désir fou d'enfant. Comme tout enfant, nos parents sont les plus forts du monde et les meilleurs de tout le temps.

Nous avons tous vécu ce temps. Ce moment où tout nous semblait possible et faisable. Ce parce que nous étions enfants. Nous étions centrés sur notre égo et jamais on ne se souciait des autres ni de la vie. Ce qui faisait que tout paraissait rose et sans reproche. Tout nous était assuré car nous avions eu la chance de naître dans une famille.

Une famille, un lieu par excellence où les parents s'entraident pour assurer le minimum à leurs enfants autant qu'ils le peuvent jusqu'à aller au-delà de leurs forces. C'est en grandissant qu'on a pris conscience du sens de la vie et de l'existence jusqu'à trouver qu'être parent ne pas aussi facile comme on le prétendait. Les enfants, nous en étions tous et nous en aurons un jour. Ils ne vivront peut-être pas comme le temps de notre enfance, ils ne feront pas peut-être face aux mêmes épreuves que leurs parents que nous serons, mais, il serait noble de leur apprendre que vivre est une lutte au quotidien et que la vie n'offre pas le gâteau aux paresseux.

Ils devront apprendre de notre expérience et de la réalité sociétaire de cette époque. J'anticipe peut-être et par conséquent le bon nombre de me dira que je devrais patienter l'arrivée de ce jour tout en oubliant que qui voyage demain, se prépare aujourd'hui. Nous avons le devoir de changer le monde à travers le peu que nous avons reçu de la vie et des vivants. Et cela doit commencer aujourd'hui et non demain. Comment devrais-je aussi surmonter la douleur de cette époque si j'aurais du mal à comprendre que mes parents sont aussi des humains et peuvent avoir d'insuffisance encore moins que je n'étais pas l'unique enfant qui était à leur disposition. D'ailleurs j'étais déjà adulte et d'autres choses obligeaient ma participation à part entière.

Au lendemain de ma conversation avec mes parents, je me retrouvais encore face à une situation qui me remettait en question et qui ne me laissait pas indifférent. C'était les propos d'un professeur d'histoire qui disait à un collègue que les études universitaires n'étaient faites pour les enfants des pauvres. Je me demandais à plusieurs reprise le sens logique du concept pauvre et le pourquoi d'une telle humiliation devant la foule. Ce n'était pas la première fois que j'attendais cette affirmation, j'en étais déjà habitué dès l'école primaire mais à ce moment-là, j'avais comme impression que cette phrase m'était adressée et que je méritais mieux que le sens de celle-ci.

Je regardais mon compagnon qui n'osait pas lever ses yeux vis-à-vis de son enseignant. Le reste des étudiants ne faisaient que se moquer de celui-ci. Ma colère et ma peine furent immenses mais je n'avais rien à faire pour sauver la situation. J'espère que cela était lié à l'ignorance que la majorité avait à l'égard de la vie et au sens de l'humanité. S'ils savaient combien des parents pauvres comme ils le jugent, se battent pour scolariser leurs enfants jusqu'à se priver le minimum vital, j'espère qu'ils auraient de réserve à l'égard de ces derniers. Combien de fois j'ai vu des étudiants se couper en mille morceaux pour financer leurs études ? Je m'identifiais peut-être à cette situation et essayais de ressentir la peine que traversent ces braves étudiants et combattants de toute cette histoire. Je n'y étais pour rien mais je pensais y apporter un petit changement et ce pourquoi j'en ai repris à travers ces quelques petits mots.

L'année académique continuait sa course et nous voici au mois de décembre. Quelques jours nous séparaient de l'affichage de nos résultats. Tout à fait réel que je vous dise que n'étaient affichés que les gens ayant déjà payé la totalité de l'année en cours. Ce le moment le plus douloureux que j'ai pu faire face durant toute ma trajectoire académique. Moi qui n'étais habitué qu'à payer la totalité avant début de l'année, je me retrouvais à la fin de l'année académique sans avoir totalisé même la moitié de ces frais. Je n'y étais pour rien et mes parents non plus. Tout revenait à la réalité économique de ma famille. Rien n'était plus comme avant, désormais nous devrions nous adapter à cette nouvelle ère.

Si cette situation me gênait, c'est-à-dire qu'elle était plus lourde et insupportable à l'égard de mes parents. Eux qui croyaient ne plus être à la hauteur de satisfaire nos besoins. Je n'ignorais leur peine et cette reconnaissance m'obligeait de chercher un moyen à subvenir à mes besoins. Abandonner, j'en avais pensé mais ce n'était pas une bonne option. Il me fallait alors envisager un second plan.

La situation n'était plus aussi simple et me paraissait étrange. La solitude envahissait petit à petit mon cœur, je m'interrogeais sans trouver une réponse possible et cela engendrait une peur inexplicable en moi. Je me voyais tout gâcher à la dernière minute.

La peur, l'une de plus grandes émotions humaines qui a pour objectif de nous maintenir en vie mais à force de trop s'en attacher, elle peut aussi nous conduire à la mort. Ça faisait mal et c'était difficile à vivre mais ça valait la peine d'essayer une autre optique et d'estimer un bonjour.

Je pensais alors aux amis avec qui ont avaient fait l'école secondaire ensemble. Le bon nombre d'entre eux venait d'obtenir leur diplôme de graduat. C'est le cas d'un ami qui me disait de le tenir informer le jour de ma défense pour qu'il vienne me soutenir.

- Hello ! Bonjour Safari, dit l'homme derrière son téléphone
- Bonjour mon cher ami, j'ai été comblé de joie d'avoir su que vous aviez eu votre diplôme de graduat !
- Merci mon cher, tu sais ce n'est pas toujours facile de commencer et finir. Et pour vous autre, quel est le programme, bientôt ça sera quatre ans. Vous n'avez pas fini ?

Il n'était la première personne à m'avoir posé une telle question. Quand vous étudiez à l'étranger, vous laissez toute une famille derrière vous. Cette famille va au-delà de votre famille biologique et vous devez l'honorer dans tout ce que vous faites. C'est ça le sens de la solidarité africaine. Ainsi, ces derniers devraient s'assurer à chaque instant que l'homme qu'ils ont connu est resté le même.

Comme pour le membre de ma famille biologique, étudier n'était plus une question individuelle ou le bénéficier est au centre de ses précautions mais une idéologie familiale et communautaire où un groupe d'individus boostent une personne dans l'espoir de le voir réussir pour qu'à son tour, il rend service à ceux qui espèrent à lui. C'est ça l'Afrique. Nos parents nous susciter de toujours mettre du sérieux dans nos études car celles-ci l'un des chemins les plus judicieux qui menaient vers le succès.

- Il est encore tôt pour le dire mais une fois le moment venu je vous tiendrai informer, réplique je.
- D'accord, je ferai de mon mieux pour que j'y sois.
- Ça me fera énormément plaisir que vous y soyez

La discussion c'était ainsi soldée mais je ne semblais pas m'assurer de l'arrivée d'une telle jours dont j'avais déjà promis de notifier.

Ce qui était paradoxale est que les autres s'écartaient de ce que je cherchais le jour et la nuit sans que je n'en trouve. L'accessibilité à l'éducation. Je vu à ce moment, des milieux d'étudiants qui bouffaient leurs frais académiques et voulaient à tout prix se débarrasser de leurs études comme ci étudier était un plaisir et faveur qu'ils offraient à leurs parents. Une telle réalité ne me démotivait pas car je savais que toute réussite digne est un fruit du sacrifice et que l'important était de savoir d'abord ce que j'aimais enfin d'y travailler.

Mon parcours demeurait incertain et je n'avais personne à qui me confier. Tout le monde avait tendance de me fuir comme quelqu'un portable d'un virus incurable. Je ne voyais pas le pourquoi d'espère un avenir au moment où il m'est difficile de me rassurer le moment présent. La peur, l'angoisse et la solitude furent mes irréprochables amis. Je n'y pouvais rien mais il me fallait au-moins comprendre que je devrais accepter ma situation telle que et cultiver en moi le courage d'en faire face. Je n'avais que ça !

Ne dit-on pas que chaque circonstance nous rapproche de l'essentiel ? en plus mon père me disait toujours qu'un homme ne fuit jamais ses problèmes. Il en fait face pour se mesurer et dans le cas d'échec, il en tire une leçon qui lui servira d'expérience durant toute sa vie. Je n'étais loin de cette vérité et je devrais chercher une nouvelle alternative pour palier à mon nouveau défi.

Je n'avais qu'une idée, sauver mon année académique encours mais comment ? peut-être en faisant recours aux amis, proches et connaissances mais le courage de surmonter mon égo était un défi qui dépasser celui que je voulais satisfaire. Je me remettais en question et m'imaginer raconter aux gens mon problème, pas seulement mon problème mais mon intimité car n'engageait pas seulement ma personne mais également le reste de ma famille. Combien des gens seront-ils à mesure de me comprendre et de ressentir ma douleur encore moins l'importance que j'accorde à ma cause ?

Je devrais mesurer le pour et le contre dans le but d'aboutir à la satisfaction de mon objectif. La décision n'était pas aussi facile à prendre qu'on peut l'imaginer. Il m'avait fallu plus des trois mois pour surmonter mon égo jusqu'à me retrouver devant les portes des gens. Ce temps fut une épreuve pour moi difficile pour moi mais qui m'avait appris le sens de l'humilité, la générosité et le courage de toujours faire le premier pas. Je n'ignorais pas il faut être courageux pour mettre à nu ses peines mais souvent quand la vie ne nous laisse pas le choix, qu'on soit courageux ou pas on finit par trouver un moyen de s'en débarrasser.

Au moment où je criais au secours sans espoir d'être écouté ni épaulé, il y avait toujours une voix qui me disait sans fatigue « sois positif et courageux, ça viendra de lui-même ! ». Je n'allais pas me rappeler de ce moment sans me souvenir de ce jour-là que je m'avais rendu voir le numéro un de mon établissement. Un homme respectable et qui dont sa présence faisait tabler de peur la majorité d'étudiants. Dès mon entrée à son à son bureau, c'était sa secrétaire qui allait m'accueillir et m'interrogeait sur le pourquoi de ma visite à l'improviste.

J'étais en habillé en chemise bleu et un pantalon en couleur marine. Mes yeux derrière mes lunettes j'avais un air à l'aise mais pas assuré. Je ne voulais parler à quelqu'un d'autre le fond de ma préoccupation à part ma cible.

La secrétaire, toute rigoureuse, elle n'osait pas m'exhiber la coule de ses dents. Elle voulait tout savoir avant qu'elle m'accorde l'audience. Une chose à laquelle je n'allais pas céder.

- Monsieur, vous devez être clair avec moi ou soit vous n'aurez pas d'audience. Je dois tout savoir pour chercher comment vous aider, dit la secrétaire.
- Madame, comme je l'ai bien dit dès mon introduction, il s'agit d'une affaire personnelle. Mais je ne vois pas

vraiment par où serait le mal de vous la partager si ce n'était pas un sujet personnel.

- Il vous faudra alors l'attendre dehors pour lui parler sinon n'espérez aucune aide de ma part. j'ai fini, vous pouvez partir.
- Madame, sur vous plais, je…
- Monsieur, sortez j'ai tout dit. Soit vous me dites le fond de l'affaire ou soit vous l'attendez à l'extérieur.

La dame demeurait ferme à sa parole et n'éprouvait aucun trait de réagir à ma faveur. Je me sentais en colère mais celle-ci n'allait rien me servir si pas d'alourdir ma peine. Encore une fois de plus je lui regardais dans ses yeux et décidant d'enlever mes lunettes pour lui faire part de mes sentiments à l'égard de ma requête.

Dix minutes plus tard, elle se rendit chez son patron et quelques minutes après, elle m'accorda en fin l'audience.

- Entrez, il va vous recevoir !
- Merci pour l'audience !

A mon entrée dans son bureau, je vois un homme calme et réservé devant son portable. Il n'avait pas l'air de me prêter son attention or je croyais avoir quelque chose à lui dire. Je ne cessais de me convaincre qu'il allait avoir une solution à mon différend. Mon espoir était ardent et ma détermination n'était exclue.

- Bonjour Monsieur !
- Bonjour, il vous faut traiter avec ma secrétaire !

- C’est juste que j’avais une lettre pour vous mais je voulais vous en expliciter.
- Une lettre, qui l’a rédigé ? s’étonnant sans autant me regarder.
- Oui monsieur, c’est ma lettre. Sauf votre respect accepter que je vous la présente.
- Comment vous vous êtes permis de m’écrire ? vous m’écrivez en qualité de qui ? je ne suis pas de vos relations Monsieur.

Il prend la lettre, portant ses linettes et la lisant à la hâte. Après, il me la remettant de nouveau sans rien dire.

- Bonne journée Monsieur, lui souhaite je
- Merci, réplique-t-il

Sans y ajouter un mot, j’ouvra la porte et sorti. La secrétaire me regardait droit dans les yeux comme si elle connaissait déjà la finalité de l’histoire. Elle s’attendait peut-être que je lui fasse un briefing de notre conversation mais ce n’était pas le cas. On m’a toujours dit de savoir assumer les conséquences de nos actes.

- Merci Madame et bonne journée ! dis à la secrétaire avant ma sortie.
- Merci !

La situation était passée mon imaginaire n’arrêtait pas de me reproduire ces images. Il n’y avait qu’une seule parole qui me revenait dans l’esprit : « Comment vous vous êtes permis de m’écrire ? vous m’écrivez en qualité de qui ? je ne suis pas de vos relations Monsieur ». Je me demandais ce que j'apparaissais vis-vis de mon interlocuteur.

J'avais tendance de tout abandonné car le temps ne semblait m'éprouver aucune chance d'aboutir à mon souhait. C'est avec une introspection profonde que j'ai fini par comprendre que tout le monde ne peut jamais avoir la même perception des choses sur nos problèmes encore qu'il n'était pas du tout sensé ressentir la même peine que moi. Pour me surpasser de sa réaction, j'ai pu me rappeler de ce que me disait mon professeur de français à l'école secondaire. Il me disait que pour ne pas se mettre en colère à l'égard des propos de quelqu'un, il fallait juste considérer qu'il n'allait dire que ça. J'ai alors compris que mon interlocuteur n'allait dire que ça à mon égard et je continuais ma démarche.

J'avais rédigé quelques lettres qui explicitaient l'objet de ma requête d'une manière brève et claire. Son contenu n'était pas aussi grand mais ça exprimait l'essentiel de mon souhait. Ainsi on pouvait lire dans mon développement

En effet, Monsieur le ...., je suis étudiant en communication organisationnelle en degré terminal au sein de l'université du Lac Tanganyika. A ce moment pénible où je me vois dans l'incapacité de finir avec mes frais académiques tout ayant une ferme volonté et l'espoir d'aboutir au terme de mon cursus académique, je tiens à solliciter votre soutien à tout le niveau que vous le pouvez.

Je vous serai et resterai reconnaissant pour tout geste de générosité que vous poserez à mon égard.

Dans l'espoir d'une suite favorable, je vous prie d'agréer Monsieur le ..., l'expression de mes sentiments distingués.

Je pensais tout dire à travers ces quelques strophes qui constituaient le contenu de ma lettre. C'était l'expression d'une âme positive et d'un esprit déterminé à faire face à sa pénible réalité.

Cette lutte valait la peine et je n'étais pas prêt d'en perdre. Plus les jours passaient, plus je me voyais en pleine énergie de faire preuve d'endurance et sur cette trajectoire, je rencontrais des hommes et des femmes qui m'ont tendu leurs mains et m'encourageaient de rester positifs. C'était tout à fait naturel car il faut avoir un jour vécu pour servir d'expérience et en servir c'est bel et bien avoir une histoire motivante à raconter aux gens.

Il fallait alors attendre un certain le 23 décembre de cette même année en pleine soleil de midi quarte cinq pour que je réponde présence au rendez-vous qui m'était accorder par un compatriote.

Un homme charismatique façonné d'un grand cœur. Je le trouvais assis dans son fauteuil de directeur. Il me regardait sans rien dire mais il semblait avoir un air pensif. Il était déjà au courant de ma situation vue qu'il avait reçu une lettre de ma part. de mon côté, je n'allais qu'exprimer mon désir, celui d'un homme à la quête d'une aide.

- Entrez, prenez place, me disait-il avec attention
- Merci Monsieur,
- C'est Safari ?
- Oui, c'est bien moi, répondu en hochant la tête

J'avais comme impression que ma situation avait tant occupé mon interlocuteur. Il ne voulait pas me le dire mais c'était facile de le lire dans ces yeux. Après ma réponse, il me regarda un moment sans rien répliquer, baissa sa tête puis regarda de nouveau à côté.

- Safari, accordez-moi un moment et rentrer après dix minute j'aurai déjà une réponse à votre préoccupation.
- D'accord Monsieur.

Il voulait avoir un temps pour lui, on a toujours dit que pour mieux réfléchir il faut être seul. D'autres décisions exigent le silence et peut être ma situation aussi en exigeait. Après un quart d'heure, l'homme sortit de son bureau et m'ordonna d'entrer de nouveau.

- Je parlais avec la secrétaire. Je lui demandais de vous accorder le privilège d'avoir vos résultats et le reste je m'en chargerai. Si la direction accepte, je prendrai vos frais des académiques en charges.

Je n'avais quoi répondre, mes larmes étaient enfin séchées et ma lutte venait d'être gratifiée. J'étais comblé d'émotion et j'ai failli pleurer de joie dans son bureau. L'homme, me regardait tout droit dans les yeux et facilement il pouvait deviner l'état de mon cœur.

- Merci beaucoup, je ne sais quoi dire mais seul mon cœur est le témoin de ce que je ressens. Je suis reconnaissant. Réplique-je après avoir profondément respiré.
- Tu es un garçon intelligent et tout ce que tu fais c'est dans le but de sauver ton année académique. Ecoutes safari, surtout ne dit rien à personne et ne pleures pas. Ce que nous faisons, on nous l'a un jour fait quand nous étions étudiants comme toi. Conclut le directeur.
- Tu passeras le lundi au secrétariat pour le reste de ton dossier. Je ne peux que te souhaiter une bonne chance dans ton parcours académique. Tiens beaucoup à tes études. Ajoute-t-il

La journée était rassurante et m'annonçait déjà la suite de la semaine. Arriver le lundi, je me rendais à l'université comme était convenu avec le directeur. Une note m'était donnée pour qu'en fin j'accède à mon résultat. Une surprise m'était réservée, j'avais passé à la première session avec distinction. Une fois de plus je me sentais fort et grand, je pouvais encore espérer un lendemain qui joue à ma faveur. J'étais l'unique de ma promotion d'avoir passé à la première session, c'était une fierté mais en guise de reconnaissance, j'avais dédié ce résultat au directeur car grâce à son implication, je pouvais encore envisager clôturer mon année académique.

Bien que les années passent aussi vite au point de finir mon cursus académique, j'étais contrait de rentrer au bercail. Une retrouvaille inattendue. Ainsi, je pouvais estimer me débarrasser de cette solitude qui semblait envahir ma vie depuis quelques années. Bien que cela paraissait envisageable, il convenait de s'interroger sur mes relations que j'avais bâti à Bujumbura. Une nouvelle épine qui ne me laissait pas indifférent. Je pensais au sourire et les blagues de Laetitia, je pensais à la bienveillance de Moise et son hospitalité ainsi qu'au regard bienveillant de Délicia et Maranatha. Mais encore une fois de plus, je n'avais pas aucun autre choix que celui qui m'était obligé par la circonstance.

Table des matières

Dédicace... i

Préface... ii

L'amour.. 1

1... 1

2... 15

3... 25

4... 38

L'Académie.. 67

5... 67

6... 77

Le retour au bercail....................................... 93

7... 93

Printed by Books on Demand GmbH, Norderstedt / Germany